Guía Práctica
Derecho Internacional
Repasa y aprende respondiendo

Jérémie Swinnen

El Observatorio de Derecho Internacional

Índice

ISBN: 9798851974687
Editado por el Observatorio de Derecho Internacional Publico

Sobre el Autor:

Jérémie Swinnen es un abogado belga-argentino especializado en Derecho Internacional Público. Completó sus estudios en la Universidad Católica Argentina (UCA) y luego obtuvo maestrías en Derecho Internacional Público de la Universidad Católica de Lovaina (UCL) en Bélgica, y en Derecho Penal y Justicia Internacional por el Instituto Interregional de las Naciones Unidas para Investigaciones sobre la Delincuencia y la Justicia (UNICRI). Además, posee una diplomatura en Abordajes Contra el Crimen Organizado de la Universidad de Belgrano.

Actualmente, Jérémie Swinnen trabaja como asesor especialista en criminalidad organizada transnacional para el Departamento de Estado de los Estados Unidos en Buenos Aires. Anteriormente, ocupó el cargo de Coordinador de Programas en temas de seguridad y justicia para la Oficina Internacional Antinarcóticos y Aplicación de la Ley de los Estados Unidos (INL). También ha trabajado como Asesor en el Honorable Senado de la Nación Argentina en temas de diplomacia parlamentaria y seguridad, y en la Oficina de las Naciones Unidas contra la Droga y el Delito (UNODC) en la Sección Regional para América Latina y el Caribe en Viena.

Jérémie también ejerce como profesor investigador universitario en Derecho Internacional Público y Derecho Internacional Humanitario en la UCA. Ha escrito y coescrito varios artículos en derecho internacional y criminalidad organizada transnacional, y habla francés, inglés y español.

Esta publicación ha sido realizada en el marco del trabajo impulsado por el Observatorio de Derecho Internacional Público: http://theinternationalobservatory.com/

Introducción

Bienvenidos a la primera edición de este libro, diseñado para llevarles en un viaje apasionante a través del mundo del Derecho Internacional Público. Nuestro objetivo será ayudarles a profundizar en sus conocimientos y entender la creciente importancia de este campo en nuestro mundo cada vez más interconectado y globalizado.

Cuando era más joven y me iniciaba en el campo del Derecho Internacional Público, buscaba incansablemente una guía que me permitiera autoevaluar y expandir mi conocimiento en esta disciplina de manera práctica e intuitiva. Mi búsqueda, sin embargo, a menudo quedaba insatisfecha, dado el limitado material disponible que se ajustara a estas necesidades. Con este desafío en mente, me propuse elaborar la guía que sostienes en tus manos. Este recurso busca servir de herramienta para estudiantes, aficionados y expertos en la materia que deseen adquirir o repasar conceptos claves de una manera ágil y eficiente.

¿Por qué es importante el derecho internacional? Los países, de forma creciente, se han visto en la necesidad de encontrar maneras de llegar a acuerdos para enfrentar desafíos compartidos que no reconocen fronteras. Cuestiones como el medioambiente, el crimen organizado, el terrorismo, los conflictos armados, y los recursos naturales son tan solo algunos ejemplos. A medida que la tecnología ha avanzado y las comunicaciones y distancias se han acortado debido a estos avances, el papel del derecho internacional ha aumentado exponencialmente. No solo para el Estado, como sujeto activo principal del derecho internacional, sino también para el individuo, quien, como resultado de la expansión de esta rama del derecho en los últimos años, se ha constituido como un actor único en esta materia, acreedor de una amplia gama de derechos, pero también responsable internacionalmente ante la comisión de algunos de los crímenes internacionales más atroces, como el genocidio o los crímenes de lesa humanidad. Los nuevos desafíos del siglo XXI generan, indudablemente, nuevos retos para todos los Estados, que tienen la responsabilidad de coordinar sus acciones para encontrar soluciones plausibles y eficientes. Cualquier persona que aspire a trabajar en el campo del servicio público, las relaciones internacionales, el derecho y la protección de los derechos humanos debería poder internalizar varios conceptos claves de esta materia.

El derecho internacional también nos sirve como herramienta para lograr un equilibrio en el orden mundial que asegure la paz y la seguridad internacional, proporcionando instrumentos para que cualquier controversia entre diferentes sujetos pueda ser resuelta pacíficamente. En este sentido, entender el derecho internacional se vuelve crucial para alcanzar todos estos objetivos.

En este libro, se exploran diversas materias del Derecho Internacional Público a través de preguntas y respuestas, ejercicios prácticos y análisis de casos, con el objetivo de profundizar en la comprensión de este campo del derecho y sus aplicaciones en situaciones reales. Este libro busca ofrecer una nueva experiencia al lector para testear su nivel de conocimiento pero también para repasar o aprender nuevos conceptos. A través de una serie guiada de preguntas y respuestas sobre los más diversos temas, podrás enfrentar varias de las preguntas más frecuentes en un examen de tipo universitario.

El presente manual de estudios está organizado en 12 capítulos, ordenado por temas. Allí encontrarás distintos tipos de preguntas (de opción múltiple, de emparejamiento, de análisis, preguntas de verdadero o falso, e incluso preguntas abiertas) con sus respectivas respuestas al final del libro. Para las preguntas abiertas, se han incluido respuestas sugeridas a modo de referencia, ya que no hay una única respuesta posible. Quien haga uso de esta manual podrá crear sus propias respuestas para luego compararlas con las sugeridas y sacar sus propias conclusiones. Estos ejercicios y preguntas ayudarán a evaluar su comprensión y aplicar sus conocimientos a situaciones prácticas y reales. En ciertas ocasiones me detendré a explicar las respuestas donde sienta que merezca la pena una breve ampliación.

Este libro está diseñado para estudiantes de todos los niveles, profesores, aspirantes a integrar al servicio diplomático y profesionales que deseen profundizar en este campo, con un enfoque práctico y didáctico que facilite la comprensión y aplicación de las normas internacionales.

Los doce capítulos que conforman este libro abordan distintas áreas del Derecho Internacional Público.

1. Sujetos del Derecho Internacional Público: Este capítulo examina a los actores principales en el ámbito internacional, como los Estados, las

organizaciones internacionales y los individuos, así como sus derechos y obligaciones.

2. Fuentes del Derecho Internacional: Se analiza la jerarquía y la interacción entre las diversas fuentes del derecho internacional, incluyendo los tratados, la costumbre, los principios generales, la jurisprudencia y la doctrina.

3. Tratados Internacionales: Este capítulo se centra en el proceso de creación, aplicación y terminación de los tratados internacionales, así como en sus efectos en el derecho interno de los Estados.

4. La Costumbre: Se estudia la formación y aplicación de la costumbre internacional, incluyendo los elementos constitutivos de la misma y su papel en la evolución del derecho internacional.

5. Principios del Derecho Internacional: Se exploran algunos de los principios fundamentales del derecho internacional, como el principio de no intervención en asuntos internos y la autodeterminación de los pueblos.

6. Abstención y Uso de la Fuerza: Este capítulo aborda las normas que rigen el uso de la fuerza por parte de los Estados, así como las excepciones y las acciones colectivas en caso de amenazas a la paz y seguridad internacionales.

7. Solución Pacífica de Controversias: Se examinan los mecanismos disponibles para resolver disputas entre Estados, incluyendo la negociación, la mediación, el arbitraje y la jurisdicción de los tribunales internacionales.

8. Derecho del Mar: Se aborda el marco jurídico que regula el uso y conservación de los recursos marinos, así como la delimitación de las áreas marítimas y las zonas económicas exclusivas.

9. Protección Diplomática: Este capítulo se centra en la protección que los Estados brindan a sus nacionales en el extranjero mediante el ejercicio de la protección diplomática y consular.

10. Inmunidad de Jurisdicción: Se analiza la inmunidad que los Estados y sus representantes gozan frente a la jurisdicción de otros Estados en ciertas situaciones y los límites de dicha inmunidad.

11. Organizaciones Internacionales y la ONU: Este último capítulo se centra en las organizaciones internacionales, en particular la Organización de las Naciones Unidas (ONU), su estructura, funciones y el papel que desempeñan en la promoción de la paz, la seguridad y la cooperación internacional.

12. Responsabilidad Internacional del Estado por Hechos Ilícitos: Este capítulo analiza la responsabilidad de los Estados en casos de violaciones del derecho internacional y las consecuencias que esto conlleva.

En conclusión, este libro aspira a ser una herramienta esencial para aquellos que deseen profundizar en el estudio del Derecho Internacional Público, proporcionando un enfoque práctico y dinámico para mejorar la comprensión de esta disciplina y sus implicaciones en el mundo actual. Les deseo buena suerte y espero que este libro les resulte de utilidad, ya sea para repasar, testear su nivel de conocimiento, o incluso mejor, para aprender respondiendo.

¡Buena suerte!

Jérémie Swinnen

En caso de sugerencias o comentarios puede escribirnos al sitio de nuestro Observatorio de Derecho Internacional Público: theointernationallaw@gmail.com

Capítulo 1: Sujetos del Derecho Internacional Público

Capítulo 1: Sujetos del Derecho Internacional Público

En este capítulo, abordaremos los sujetos del derecho internacional público, es decir, las entidades que tienen capacidad para poseer derechos y obligaciones en el ámbito internacional y participar en relaciones jurídicas internacionales. Examinaremos los Estados como sujetos principales, así como las organizaciones internacionales, los individuos y otros actores no estatales.

1.1: Pregunta de opción múltiple:

¿Cuáles son los elementos constitutivos de un Estado según la Convención de Montevideo sobre Derechos y Deberes de los Estados?

a) Territorio, población, gobierno y capacidad para entrar en relaciones con otros Estados.
b) Territorio, al menos una persona, gobierno y reconocimiento internacional.
c) Territorio, población y una economía estable.
d) Territorio, población, gobierno y sistema político.

1.2: Pregunta abierta:

Explique brevemente la diferencia entre el reconocimiento de Estados y el reconocimiento de gobiernos.

1.3: Pregunta de verdadero o falso:

Las organizaciones internacionales son sujetos secundarios del derecho internacional público.

1.4. Pregunta de emparejamiento:

Empareje los siguientes actores no estatales con sus descripciones.

a) Individuos
b) Empresas multinacionales
c) Grupos de liberación nacional
d) Grupos terroristas

i) Estos actores operan en múltiples países y pueden tener un impacto significativo en el ámbito internacional, aunque no sean sujetos formales del derecho internacional.

ii) Estos actores pueden ser responsables de violaciones del derecho internacional humanitario y pueden ser objeto de medidas coercitivas internacionales.

iii) Estos actores luchan por la autodeterminación y pueden ser reconocidos como sujetos del derecho internacional en ciertas circunstancias.

iv) Estos actores pueden tener derechos y obligaciones en el ámbito internacional, especialmente en el ámbito de los derechos humanos.

1.5. Pregunta de análisis de casos:

Analice el caso de Kosovo y su declaración unilateral de independencia en 2008. ¿Fue considerado un nuevo Estado por la comunidad internacional? Explique las implicaciones de este caso para el derecho internacional público.

1.6: Pregunta de emparejamiento:

Empareje las siguientes categorías de sujetos del derecho internacional público con sus definiciones correspondientes.

A. Estados
B. Organizaciones internacionales
C. Individuos
D. Grupos de liberación nacional

1. Entidades políticas soberanas que tienen un territorio definido, una población permanente y un gobierno.
2. Entidades creadas por Estados mediante tratados, con fines específicos y dotadas de personalidad jurídica internacional.
3. Personas que pueden ser consideradas responsables por violaciones graves del derecho internacional humanitario y de los derechos humanos.
4. Movimientos políticos y militares que luchan por la autodeterminación o la independencia de un territorio

1.7: Pregunta de verdadero o falso:

Los individuos solo pueden ser considerados sujetos del derecho internacional público en casos relacionados con crímenes de guerra y crímenes de lesa humanidad.

1.8: Pregunta de opción múltiple:

¿Cuál de las siguientes afirmaciones es correcta en relación con los grupos de liberación nacional como sujetos del derecho internacional público?

a) Los grupos de liberación nacional no tienen personalidad jurídica internacional.
b) Los grupos de liberación nacional tienen los mismos derechos y responsabilidades que los Estados.
c) Los grupos de liberación nacional pueden ser reconocidos como sujetos del derecho internacional en el contexto de conflictos armados y luchas por la autodeterminación.
d) Los grupos de liberación nacional tienen el derecho de celebrar tratados con Estados y organizaciones internacionales.

1.9. Pregunta de opción múltiple:

¿Cuál de las siguientes NO es una forma reconocida de adquisición del territorio en el derecho internacional?

a) Cesión
b) Accesión
c) Avulsión
d) Conquista

1.10. Pregunta de verdadero o falso:

El principio de efectividad es el factor determinante en el reconocimiento de gobiernos en el derecho internacional público.

1.11: Pregunta de análisis de casos:

Un territorio se ha independizado recientemente y ha formado un nuevo Estado. Los Estados vecinos aún no han reconocido al nuevo Estado. ¿Cuál es el impacto de este reconocimiento en la personalidad jurídica internacional del nuevo Estado?

1.12. Pregunta abierta:

Explique el concepto y las implicaciones de la soberanía estatal en el contexto del derecho internacional público.

1.13: Pregunta de verdadero o falso:

Las organizaciones no gubernamentales (ONG) son sujetos del derecho internacional público.

1.14: Pregunta abierta:

¿Qué diferencia hay entre un Estado y una Nación según el derecho internacional público?

1.15: Opción múltiple:

¿Qué criterios se deben cumplir para que un territorio sea considerado "sin dueño" en el Derecho Internacional?

A) Debe ser descubierto y explorado por un estado.

B) Debe estar deshabitado y no estar bajo la jurisdicción de ningún estado.

C) Debe estar geográficamente aislado y no ser reclamado por ningún estado.

D) Todas las anteriores.

1.16: Pregunta abierta:

Explique cómo la teoría del *animus domini* se aplica a la ocupación de un territorio sin dueño.

1.17: Verdadero o falso:

Un acto de reconocimiento de un estado puede ser tanto expreso como implícito.

1.18: Pregunta abierta:

¿Qué es el principio de "*uti possidetis juris*"?

1.19: Pregunta de análisis (sobre la competencia de los Estados):

Analice la evolución de la jurisprudencia del CIJ con respecto a si el derecho internacional es un sistema que reparte competencias entre los Estados (tesis prohibicionista) o si es un sistema que permite a los Estados actuar a menos que estén explícitamente prohibidos de hacerlo (tesis permisiva). Puedes apoyarte en los casos de Lotus, caso del pedido de arresto y la declaración unilateral de independencia de Kosovo como ejemplos.

1.20: Pregunta de emparejamiento:

Empareje los siguientes conceptos con su correspondiente descripción:

Principio establecido en caso Lotus
El caso Islas de Palmas
Doctrina Estrada
Doctrina Tobar
Doctrina Stimson
Opciones:

A. Una decisión de la Corte Permanente de Justicia Internacional que establece que a menos que exista una prohibición explícita, los Estados pueden actuar libremente.
B. Esta doctrina sostiene que un gobierno no debe ser reconocido si ha llegado al poder mediante medios inconstitucionales.
C. Se refiere a la política de no reconocer a los gobiernos que han llegado al poder mediante la fuerza, sobre todo si se violan tratados existentes.
D. Una decisión que confirmó la regla del *uti possidetis*, estipulando que los límites coloniales se convierten en fronteras internacionales al lograr la independencia.

E. Esta doctrina sostiene que el reconocimiento de un gobierno no debe ser condicional y solo debe basarse en su control efectivo del país.

1.21: Pregunta de verdadero o falso:

La competencia universal permite a cualquier Estado ejercer su jurisdicción sobre ciertos crímenes graves, independientemente de donde se cometieron, quién los cometió y de la nacionalidad de las víctimas.

Capítulo 2: Fuentes del Derecho Internacional Público

Capítulo 2: Fuentes del Derecho Internacional

2.1: Opción múltiple:

De acuerdo con el artículo 38 del Estatuto de la Corte Internacional de Justicia (CIJ), ¿cuáles son las fuentes principales del Derecho Internacional Público que la Corte debe aplicar al resolver disputas entre Estados?

a) La costumbre internacional, los tratados generales y particulares y los principios generales del derecho.
b) La jurisprudencia, la doctrina y los tratados generales y particulares.
c) La costumbre internacional, los tratados bilaterales y multilaterales y las resoluciones de la Asamblea General de la ONU.
d) La jurisprudencia de la CIJ, los tratados bilaterales y multilaterales y la opinión de la mayoría de los Estados.

2.2: Opción múltiple:

Según el artículo 38 del Estatuto de la CIJ, ¿qué papel desempeña la jurisprudencia y la doctrina en la identificación de las fuentes del Derecho Internacional Público?

a) La jurisprudencia y la doctrina son consideradas fuentes principales del Derecho Internacional Público.
b) La jurisprudencia y la doctrina son consideradas fuentes auxiliares del Derecho Internacional Público.
c) La jurisprudencia y la doctrina no son consideradas fuentes del Derecho Internacional Público.
d) Solo la jurisprudencia es considerada fuente auxiliar del Derecho Internacional Público, mientras que la doctrina no es considerada fuente alguna.

2.3: Pregunta abierta:

¿Cuáles son generalmente las etapas de formación de un tratado?

2.4: Verdadero o falso:

La firma de un tratado siempre implica la aceptación inmediata de las obligaciones del tratado por parte de un Estado.

2.5: Opción múltiple:

¿Qué se requiere para que un tratado entre en vigor?

a) La firma de todos los Estados participantes. b) La ratificación por todos los Estados participantes. c) La ratificación por un número específico de Estados participantes, de acuerdo con lo establecido en el tratado. d) La adhesión de todos los Estados participantes.

2.6: Pregunta abierta:

¿Qué es la reserva a un tratado y cuándo puede ser formulada por un Estado?

2.7: Verdadero o falso:

El principio de pacta sunt servanda establece que los tratados deben ser interpretados y aplicados de buena fe.

2.8: Pregunta abierta:

¿Cuál es la regla general de interpretación de un tratado según el Artículo 31 de la Convención de Viena sobre el Derecho de los Tratados?

2.9: Pregunta abierta:

¿Qué medios de interpretación complementarios se pueden utilizar según el Artículo 32 de la Convención de Viena sobre el Derecho de los Tratados?

2.10: Opción múltiple:

¿Cuál de los siguientes NO es un medio auxiliar de interpretación de tratados según la CVDT?

a) Trabajos preparatorios
b) Circunstancias de la celebración del tratado.

c) Práctica posterior de los Estados partes.

d) Opiniones de expertos en la materia.

2.11: Emparejamiento:

Empareje los siguientes términos relacionados con la aplicación de tratados con sus respectivas descripciones:

1. Reservas.
2. Enmiendas.
3. Terminación.
4. Suspensión.

a) Modificaciones al tratado acordadas por las partes. b) Declaraciones unilaterales hechas por un Estado al momento de firmar, ratificar, aceptar, aprobar o adherirse a un tratado. c) El cese definitivo de las obligaciones del tratado para una o más partes. d) La interrupción temporal de las obligaciones del tratado para una o más partes.

2.12: Verdadero o falso:

Para que una práctica se convierta en costumbre internacional, debe ser universalmente seguida por todos los Estados.

2.13: Opción múltiple:

¿Cuál de los siguientes elementos es necesario para la formación de una norma consuetudinaria?

a) Práctica general y constante.
b) Opinio juris.
c) Ambos, práctica general y constante y opinio juris.
d) Ninguno de los anteriores.

2.14: Pregunta abierta:

¿Qué es la opinio juris y cuál es su importancia en la formación de la costumbre internacional?

2.15: Verdadero o falso:

Los principios generales del derecho solo pueden ser aplicados por los tribunales internacionales cuando no hay tratados o costumbre internacional aplicables.

2.16: Opción múltiple:

¿Cuál de los siguientes NO es un principio general del derecho?

a) Pacta sunt servanda. b) In dubio pro reo. c) Non bis in idem. d) *Ius cogens*.

2.17: Opción múltiple:

¿Cuál de las siguientes afirmaciones describe mejor los actos unilaterales en el contexto del Derecho Internacional Público?

a) Los actos unilaterales son siempre vinculantes para los Estados que los realizan.
b) Los actos unilaterales son expresiones de la voluntad de un Estado que pueden generar consecuencias jurídicas en el ámbito internacional.
c) Los actos unilaterales son acuerdos internacionales entre dos o más Estados.
d) Los actos unilaterales solo pueden ser realizados por organizaciones internacionales.

2.18: Opción múltiple:

¿En qué circunstancia un acto unilateral puede ser considerado como una fuente de obligaciones jurídicas en el Derecho Internacional Público?

a) Siempre que un Estado realice un acto unilateral.
b) Cuando un acto unilateral esté acompañado de una intención clara y manifiesta de crear obligaciones jurídicas.
c) Solo cuando otros Estados aceptan el acto unilateral como vinculante.
d) Cuando un acto unilateral sea parte de una costumbre internacional.

2.19: Opción múltiple:

¿En qué circunstancia puede ser jurídicamente vinculante un acto unilateral de un Estado?

a) Cuando es emitido por el jefe de Estado.
b) Cuando el acto es parte de una negociación.
c) Cuando el acto se realiza en el contexto de una conferencia internacional.
d) Cuando el Estado emisor expresa claramente su intención de crear derechos y obligaciones legales en virtud del derecho internacional.
e) En todas las anteriores.

2.20: Verdadero o falso:

Las decisiones de la Corte Internacional de Justicia son vinculantes para todos los Estados, independientemente de si fueron parte en el caso.

2.21: Pregunta abierta:

¿Cómo influyen las decisiones judiciales en la formación del derecho internacional consuetudinario?

2.22: Opción múltiple:

¿Cuál de los siguientes elementos NO es necesario para que una práctica se convierta en costumbre internacional?

a) Uniformidad.
b) Consistencia.
c) Duración.
d) Universalidad.

2.23: Verdadero o falso:

Los tratados bilaterales pueden generar costumbre internacional.

2.24: Pregunta abierta:

¿Qué es el *ius cogens* y cuál es su relación con las fuentes del derecho internacional?

2.25: Pregunta abierta:

¿Qué es la soft law y cuál es su relación con las fuentes del derecho internacional?

2.26: Opción múltiple:

¿Cuál de los siguientes NO es un ejemplo de *soft law*?

a) Resoluciones de la Asamblea General de las Naciones Unidas.
b) Declaraciones de principios adoptadas en conferencias internacionales.
c) Códigos de conducta adoptados por organizaciones internacionales.
d) Tratados internacionales ratificados por los Estados partes.

2.27: Verdadero o falso:

El *soft law* puede ayudar a llenar vacíos en el derecho internacional y promover la cooperación entre los Estados.

2.28: Emparejamiento:

Empareje los siguientes términos relacionados con las fuentes del derecho internacional con sus respectivas descripciones:

1. Tratados internacionales.
2. Costumbre internacional.
3. Principios generales del derecho.
4. Actos unilaterales de los Estados.

a) Normas fundamentales que se derivan de la lógica y la razón, y que son comunes a la mayoría de los sistemas legales nacionales. b) Acuerdos entre Estados u organizaciones internacionales que tienen la intención de crear derechos y obligaciones legales vinculantes en virtud del derecho internacional. c) Manifestaciones de voluntad expresadas por un Estado, con la intención de crear derechos y obligaciones legales en virtud del derecho internacional. d) Práctica general y consistente de los Estados, seguida por ellos por considerarla jurídicamente obligatoria (opinio juris).

2.29: Pregunta abierta:

¿Cómo pueden contribuir las resoluciones de la Asamblea General de las Naciones Unidas a la formación de costumbre internacional?

2.30: Opción múltiple:

¿Cuál de los siguientes es un ejemplo de un principio general del derecho?

a) La proscripción del genocidio. b) La inmunidad de jurisdicción de los Estados. c) La buena fe en la interpretación y aplicación de tratados. d) La cláusula *rebus sic stantibus*.

2.31: Verdadero o falso:

Las decisiones de los tribunales nacionales pueden ser relevantes para la formación y aplicación del derecho internacional.

2.32: Verdadero o falso:

Las normas *ius cogens* y *erga omnes* son idénticas en términos de efectos en terceros Estados.

2.33: Emparejamiento:
Empareja las siguientes normas con su categoría correspondiente (*ius cogens* o *erga omnes*):

Prohibición de la tortura
Prohibición del genocidio
Protección diplomática
Autodeterminación de los pueblos

a) Normas *ius cogens*
b) Normas *erga omnes*

2.34: Opción múltiple:

Según el artículo 38 del Estatuto de la Corte Internacional de Justicia, ¿cuál es el orden de prelación de las fuentes del Derecho Internacional Público?

a) Tratados, costumbre internacional, principios generales del derecho.
b) Costumbre internacional, tratados, principios generales del derecho.
c) Principios generales del derecho, tratados, costumbre internacional.
d) El artículo 38 no establece un orden de prelación específico entre las fuentes.

2.35: Opción múltiple:

¿Qué fuente del Derecho Internacional Público prevalece en caso de conflicto entre un tratado internacional y una norma de *ius cogens*?

a) El tratado internacional.
b) La norma de *ius cogens*.
c) Ambas fuentes tienen igual peso y deben aplicarse conjuntamente.
d) Depende del caso específico y de la opinio juris de los Estados.

2.36: Opción múltiple:

En el contexto del Derecho Internacional Público, ¿qué sucede cuando una disposición de un tratado bilateral entra en conflicto con una norma de costumbre internacional?

a) La disposición del tratado prevalece siempre sobre la norma de costumbre internacional.
b) La norma de costumbre internacional prevalece siempre sobre la disposición del tratado.
c) Prevalece la norma posterior, presumiendo que las partes han consentido en apartarse de la norma de costumbre internacional.
d) El conflicto debe ser resuelto por la Corte Internacional de Justicia.

2.37: Opción múltiple:

De acuerdo con el artículo 103 de la Carta de las Naciones Unidas, ¿qué sucede cuando las obligaciones de un Estado miembro de la ONU bajo la Carta entran en conflicto con sus obligaciones bajo cualquier otro acuerdo internacional?

a) Las obligaciones bajo la Carta de la ONU prevalecen.

b) Las obligaciones bajo el otro acuerdo internacional prevalecen.

c) Ambas obligaciones tienen igual peso y deben aplicarse conjuntamente.

d) Depende del caso específico y de la *opinio juris* de los Estados miembros de la ONU.

2.38: Opción múltiple:

¿Cuál de las siguientes razones puede dar lugar a la suspensión de un tratado internacional?

a) Cambio en el gobierno de uno de los Estados parte.

b) Un tratado posterior que contradice las disposiciones del tratado anterior.

c) Un conflicto armado entre los Estados parte del tratado.

d) El tratado no ha sido ratificado por todos los Estados parte.

2.39: Pregunta abierta:

Explique cómo se determina la jerarquía de las fuentes del derecho internacional según el Estatuto de la Corte Internacional de Justicia.

2.40: Verdadero o falso:

Según el principio de *lex posterior derogat legi priori*, un tratado más reciente invalida a uno anterior en caso de conflicto entre ambos.

2.41: Emparejamiento:

Empareje los siguientes principios con sus descripciones.

a. *Lex specialis derogat legi generali*

b. *Lex posterior derogat legi priori*

c. *Lex superior derogat legi inferiori*

Un tratado más reciente prevalece sobre uno anterior en caso de conflicto.

Una ley específica prevalece sobre una ley general en caso de conflicto.

Una norma de rango superior prevalece sobre una de rango inferior en caso de conflicto.

2.42: Caso de análisis:

En el caso de la plataforma continental del Mar del Norte (RFA c. Dinamarca y Países Bajos), ¿qué aspecto de la costumbre internacional fue analizado por la CIJ?

2.43: Pregunta de opción múltiple:

¿Qué implica la doctrina del objetor persistente en el derecho internacional consuetudinario?

a) Que un Estado que se opone constantemente a una nueva norma consuetudinaria durante su formación no está obligado por ella.
b) Que un Estado que se opone constantemente a una norma consuetudinaria existente puede dejar de estar obligado por ella.
c) Que un Estado que se opone constantemente a una nueva norma consuetudinaria durante su formación está obligado por ella debido a su persistencia.
d) Que un Estado que se opone constantemente a una norma consuetudinaria existente no puede ser objeto de sanciones internacionales.

Con estas 43 preguntas, hemos cubierto una amplia gama de temas relacionados con las fuentes del derecho internacional. Estas preguntas deben ayudar a evaluar el conocimiento y la comprensión de los lectores con respecto a tratados internacionales, costumbre internacional, principios generales del derecho, actos unilaterales de los Estados, jurisprudencia y doctrina, así como conceptos relacionados, como el *ius cogens* y la *soft law.*

Capítulo 3: Tratados Internacionales

Capítulo 3: Tratados Internacionales

De acuerdo al Convenio de Viena sobre Derecho de los Tratados, los tratados internacionales son acuerdos escritos entre Estados u organizaciones internacionales que tienen la intención de crear derechos y obligaciones legales vinculantes en virtud del derecho internacional. En este capítulo, exploraremos temas relacionados con la negociación, adopción, firma, ratificación, entrada en vigor, interpretación y aplicación de tratados, así como su terminación, suspensión y modificación.

3.1: Pregunta abierta:

¿Qué función desempeñan los plenipotenciarios en la negociación de tratados?

3.2: Opción múltiple:

¿Cuál de los siguientes pasos suele ser el primero en el proceso de creación de un tratado multilateral?

a) Ratificación.
b) Firma.
c) Negociación.
d) Adopción.

3.3: Pregunta abierta:

¿Cuál es la diferencia entre la firma y la ratificación de un tratado?

3.4: Verdadero o falso:

La adhesión es un proceso por el cual un Estado se convierte en parte de un tratado sin haberlo firmado previamente. La adhesión suele utilizarse cuando el período de firma ya ha expirado o cuando un Estado no participó en las negociaciones del tratado pero desea unirse a él posteriormente

3.5: Opción múltiple:

¿Cuándo entra en vigor un tratado?

a) Inmediatamente después de la firma.

b) Después de la ratificación por un número específico de Estados, según lo estipulado en el tratado.

c) Después de la adopción del tratado.

d) Al finalizar la negociación del tratado.

3.6: Pregunta abierta:

¿Qué es la Convención de Viena sobre el Derecho de los Tratados y cuál es su importancia en la interpretación y aplicación de tratados internacionales?

3.7: Verdadero o falso:

Los tratados deben interpretarse de buena fe, de acuerdo con el sentido corriente que haya de atribuirse a los términos del tratado en su contexto y a la luz de su objeto y fin.

3.8: Opción múltiple:

¿Cuál de las siguientes reglas NO es parte de la Convención de Viena sobre el Derecho de los Tratados?

a) Los tratados deben ser registrados ante la Secretaría de las Naciones Unidas.

b) Los Estados pueden invocar su derecho interno para justificar el incumplimiento de un tratado.

c) Los tratados deben interpretarse de buena fe.

d) Los tratados no pueden ser modificados unilateralmente por un Estado parte.

3.9: Pregunta abierta:

¿Cuáles son algunas de las causas legítimas para la terminación o suspensión de un tratado, según la Convención de Viena sobre el Derecho de los Tratados?

3.10: Según el artículo 102 de la Carta de las Naciones Unidas, ¿qué se espera que los Estados hagan con respecto a sus tratados y acuerdos internacionales?

a) Publicar y registrar todos los tratados y acuerdos internacionales ante la Secretaría de las Naciones Unidas.

b) Registrar solamente aquellos tratados y acuerdos internacionales que involucren a otros Estados miembros de la ONU.

c) Registrar solo los tratados y acuerdos internacionales que sean de carácter bilateral.

d) No es necesario registrar tratados y acuerdos internacionales ante la Secretaría de las Naciones Unidas.

3.11: Opción múltiple:

¿Cuál es la consecuencia de no registrar un tratado o acuerdo internacional ante la Secretaría de las Naciones Unidas, de acuerdo con el artículo 102 de la Carta de las Naciones Unidas?

a) El tratado o acuerdo no será vinculante para las partes.

b) El tratado o acuerdo no podrá ser invocado ante un órgano de las Naciones Unidas.

c) El tratado o acuerdo será considerado nulo y sin efecto.

3.12: Verdadero o falso:

Un tratado puede ser modificado unilateralmente por un Estado parte sin el consentimiento de los demás Estados partes.

3.13: Análisis de caso:

El Estado A y el Estado B firmaron un tratado de desarme nuclear. Sin embargo, después de que el tratado entró en vigor, el Estado A desarrolló y probó un nuevo tipo de arma nuclear. ¿Cuál podría ser la consecuencia legal de esta acción?

3.14: Pregunta Abierta:

¿Qué es la cláusula de la nación más favorecida y en qué tipo de tratados se encuentra comúnmente?

3.15: Verdadero o falso:

Un tratado bilateral es un tratado entre tres o más Estados.

3.16: Opción múltiple:

¿Cuál de los siguientes NO es un ejemplo de tratado multilateral?

a) La Convención de las Naciones Unidas sobre el Derecho del Mar.
b) La Convención de Viena sobre Relaciones Diplomáticas.
c) La Convención de Ginebra sobre el Estatuto de los Refugiados.
d) Un tratado de extradición entre dos Estados.

3.17: Pregunta abierta:

¿Qué es una reserva y cuál es su propósito?

3.18: Verdadero o falso:

Las enmiendas a un tratado solo pueden ser propuestas por los Estados partes en el tratado.

3.19: Opción múltiple:

¿Cuál de las siguientes opciones describe correctamente la función de un tratado-marco?

a) Establecer principios generales y objetivos que se desarrollarán y aplicarán mediante tratados o instrumentos jurídicos adicionales.
b) Proporcionar un mecanismo de solución de controversias entre Estados partes en un tratado específico.
c) Establecer una organización internacional para supervisar y administrar un tratado multilateral.
d) Detallar todas las disposiciones y regulaciones técnicas que deben cumplir los Estados partes en un área específica.

3.20: Pregunta abierta:

¿Cuáles son los tratados constitutivos y qué importancia tienen en las organizaciones internacionales?

3.21: Opción múltiple:

¿Qué concepto del Derecho Internacional Público se refiere a la situación en la que un tratado internacional deja de ser vinculante para las partes debido a un cambio fundamental en las circunstancias existentes en el momento de la celebración del tratado?

a) *Pacta sunt servanda*
b) *Rebus sic stantibus*
c) *Ius cogens*
d) Reserva

3.22: Opción múltiple:

¿Cuál de las siguientes situaciones puede dar lugar a la terminación de un tratado?

a) La desaparición del objeto del tratado.
b) La denuncia de un tratado por un Estado no parte.
c) La expiración del período de tiempo establecido en el tratado.
d) La violación de una obligación no esencial del tratado por una de las partes.

3.23: Verdadero o falso:

Los tratados pueden ser modificados solo mediante la adopción de un nuevo tratado que sustituya al tratado original.

3.24: Opción múltiple:

Según la Convención de Viena sobre el Derecho de los Tratados, ¿cuál de las siguientes opciones NO es una forma válida de interpretar un tratado?

a) Interpretación de buena fe.
b) Interpretación literal.
c) Interpretación según las intenciones subjetivas de las partes.

d) Interpretación contextual.

3.25: Opción múltiple:

De acuerdo con el artículo 60 de la Convención de Viena sobre el Derecho de los Tratados, ¿cuándo puede una parte invocar la violación de una disposición esencial del tratado por otra parte como causa para suspender la aplicación del tratado total o parcialmente?

a) Siempre que la otra parte viole cualquier disposición del tratado.
b) Solo cuando la violación es grave y afecta significativamente el objeto y el propósito del tratado.
c) Cuando la violación es de carácter temporal y no afecta el objeto del tratado.
d) Cuando la violación es de carácter meramente formal.

3.26: Opción múltiple:

Según el artículo 61 de la Convención de Viena sobre el Derecho de los Tratados, ¿qué condición debe cumplirse para que un Estado pueda invocar el cambio fundamental de circunstancias como causa para la terminación o suspensión de un tratado?

a) El cambio de circunstancias debe haber sido previsto por las partes al momento de la celebración del tratado.
b) El cambio de circunstancias debe haber sido imprevisible y alterar radicalmente el equilibrio de las obligaciones entre las partes.
c) El cambio de circunstancias debe estar relacionado con un cambio en la situación política interna de una de las partes.
d) El cambio de circunstancias debe ser resultado de una violación del tratado por una de las partes.

3.27: Opción múltiple:

¿Qué afirmación sobre el artículo 60 de la Convención de Viena sobre el Derecho de los Tratados es correcta en relación con la terminación de un tratado por incumplimiento?

a) Una parte puede terminar un tratado si la otra parte incumple una obligación no esencial del tratado.

b) Una parte solo puede suspender la aplicación de un tratado, pero no terminarlo, en caso de incumplimiento grave por parte de la otra parte.

c) El incumplimiento grave de una disposición esencial del tratado por una de las partes puede justificar la terminación del tratado por la otra parte.

d) La terminación de un tratado por incumplimiento solo puede ser decidida por la Corte Internacional de Justicia.

3.28: Opción múltiple:

Según la Convención de Viena sobre el Derecho de los Tratados, ¿cuál de las siguientes situaciones podría conducir a la nulidad de un tratado?

a) Un cambio en la situación política interna de una de las partes.

b) La violación de una norma de *ius cogens* en el momento de la celebración del tratado.

c) La falta de registro del tratado ante la Secretaría de las Naciones Unidas.

d) La firma del tratado por un representante sin plenos poderes.

3.29: Opción múltiple:

Si un Estado alega que un tratado es nulo debido a que fue celebrado bajo coacción, ¿qué artículo de la Convención de Viena sobre el Derecho de los Tratados es aplicable?

a) Artículo 49
b) Artículo 50
c) Artículo 51
d) Artículo 52

3.30: Opción múltiple :

¿Cuál es el efecto de la nulidad de un tratado sobre las obligaciones de las partes, según la Convención de Viena sobre el Derecho de los Tratados?

a) Las partes deben cumplir con las obligaciones del tratado hasta que se resuelva la cuestión de la nulidad.

b) Las partes están eximidas de cumplir con las obligaciones del tratado desde el momento en que se declara la nulidad.

c) La nulidad del tratado no afecta a las obligaciones de las partes.

d) Las partes pueden elegir si cumplir o no con las obligaciones del tratado.

3.31: Opción múltiple:

Según la Convención de Viena sobre el Derecho de los Tratados, ¿qué parte puede invocar la nulidad de un tratado?

a) Cualquier Estado, incluso aquellos que no son parte en el tratado en cuestión.

b) Solo las partes del tratado que han sido directamente afectadas por la situación que da lugar a la nulidad.

c) Cualquier parte del tratado, independientemente de si ha sido directamente afectada por la situación que da lugar a la nulidad.

d) Solo un órgano internacional, como la Corte Internacional de Justicia, puede invocar la nulidad de un tratado.

3.32: Opción múltiple:

De acuerdo con el artículo 44 de la Convención de Viena sobre el Derecho de los Tratados, ¿en qué circunstancias se puede considerar que un tratado es divisible para aplicar la nulidad solo a algunas de sus disposiciones?

a) Cuando las disposiciones no afectadas por la nulidad pueden seguir en vigor y aplicarse independientemente de las disposiciones nulas.

b) Cuando todas las partes del tratado acuerdan por unanimidad que el tratado es divisible.

c) La divisibilidad no es un concepto reconocido en la Convención de Viena sobre el Derecho de los Tratados.

3.33: Opción múltiple:

En relación con las reservas a un tratado, según la Convención de Viena sobre el Derecho de los Tratados, ¿cuáles son las condiciones para que una reserva sea válida?

a) La reserva debe ser aceptada por todas las partes del tratado.

b) La reserva no debe ser incompatible con el objeto y propósito del tratado y debe estar permitida por el tratado.

c) La reserva debe ser presentada por escrito y acompañada de una justificación detallada.

d) Las reservas no están permitidas en el Derecho Internacional Público.

3.34: Pregunta abierta:

¿Cuáles son todas las causas de nulidad de un tratado internacional?

3.35: Pregunta abierta:

¿Cuáles son las causales para la terminación de un tratado o la suspensión de su aplicación según el derecho internacional?

3.36: Pregunta de opción múltiple:

Según la Convención de Viena, ¿cuál es el efecto de la terminación de un tratado debido a la violación de una obligación esencial por una de las partes?

a) La parte infractora está obligada a compensar a las otras partes.

b) Todas las obligaciones del tratado para todas las partes cesan inmediatamente.

c) El tratado sigue siendo válido, pero la parte infractora es excluida.

d) El tratado puede ser terminado o suspendido solo en relación con la parte infractora.

3.37: Pregunta de verdadero o falso:

Según la Convención de Viena, la terminación de un tratado libera a las partes de cualquier obligación de continuar cumpliendo el tratado, pero cualquier acto legal realizado de buena fe antes de la terminación no se ve afectado.

3.38: Caso de análisis

En el caso de las actividades militares y paramilitares en Nicaragua y contra él (Nicaragua c. Estados Unidos), ¿qué aspecto de la costumbre internacional fue examinado por la CIJ?

Con estas 38 preguntas, hemos cubierto una amplia gama de temas relacionados con tratados internacionales, incluyendo su negociación, adopción, firma, ratificación , entrada en vigor, interpretación, aplicación, terminación y nulidad. Estas preguntas deben ayudar a evaluar el conocimiento y la comprensión del lector con respecto a los aspectos clave de los tratados internacionales y los principios fundamentales que los rigen, incluidas las disposiciones de la Convención de Viena sobre el Derecho de los Tratados.

Capítulo 4: Costumbre Internacional

Capítulo 4: La costumbre internacional

4.1: Pregunta abierta:

¿Cuáles son los dos elementos esenciales de la costumbre internacional?

4.2: Verdadero o falso:

La costumbre internacional solo puede ser creada por Estados.

4.3: Opción múltiple:

¿Cuál de las siguientes fuentes NO es útil para demostrar la existencia de una costumbre internacional?

a) Decisión de un tribunal internacional.
b) Declaraciones de líderes de gobierno.
c) Práctica diplomática.
d) Tratados bilaterales.

4.4: Pregunta abierta:

¿Cuál es la importancia de las decisiones de los tribunales internacionales en la identificación y aplicación de la costumbre internacional?

4.5: Verdadero o falso:

Una vez establecida, la costumbre internacional no puede ser modificada ni extinguida.

4.6: Pregunta abierta:

¿Cómo puede modificarse o extinguirse una costumbre internacional?

4.7: Análisis de caso:

Situación: El país A y el país B son dos Estados que durante décadas han llevado a cabo maniobras militares conjuntas en una región de alta tensión política.

Ambos países siempre han notificado previamente al país C, un vecino neutral, sobre las fechas y lugares de las maniobras. Sin embargo, en una ocasión reciente, el país A no notificó al país C sobre unas maniobras militares que realizó por separado.

Pregunta: ¿Puede el país C argumentar que existe una costumbre internacional entre los tres países en relación con la notificación previa de maniobras militares y que el país A violó esta costumbre?

4.8: Pregunta abierta:

¿ Cuál es la diferencia entre la costumbre internacional general y la costumbre regional o local?

4.9: Pregunta abierta:

¿Podría catalogarse al asilo diplomático como una costumbre, ya sea internacional o regional?

4.10: Verdadero o falso:

Los tratados y la costumbre internacional son fuentes del derecho internacional completamente independientes y no pueden influirse mutuamente.

4.11: Pregunta abierta:

¿Cuáles son algunos de los indicadores que un Estado puede utilizar para identificar la opinio juris en relación con una práctica específica en el ámbito del derecho internacional público?

4.12: Opción múltiple y Justificación:

¿Cuál de los siguientes actos NO está prohibido por una norma de *ius cogens*?

a) Genocidio.
b) Esclavitud.
c) Establecimiento de un gobierno antidemocrático.
d) Tortura.

4.13: Pregunta abierta:

¿Cuál es el fundamento de la costumbre internacional?

4.14: Verdadero o falso:

La práctica general y constante de los Estados es el único elemento objetivo necesario para establecer una costumbre internacional.

4.15: Pregunta abierta:

En el contexto de la costumbre internacional, ¿qué se entiende por "Estados particularmente interesados"?

4.16: Opción múltiple:

En el caso de la plataforma continental del Mar del Norte, ¿qué cuestión de costumbre internacional estaba en disputa?

a) La delimitación de las fronteras marítimas.
b) La pesca en áreas de plataforma continental.
c) El principio de equidistancia.
d) El principio de no intervención en asuntos internos.

4.17: Pregunta abierta

¿Cuál es el papel del "objetor persistente" en el desarrollo de la costumbre internacional?

4.18: Verdadero o falso:

Las violaciones repetidas de una costumbre internacional pueden causar su extinción.

4.19: Pregunta abierta:

¿Qué papel desempeña el elemento subjetivo (*opinio juris*) en la formación de una costumbre internacional?

4.20: Caso de análisis:

En el caso de las actividades militares y paramilitares en Nicaragua y contra él (Nicaragua c. Estados Unidos, 1986), ¿cómo se relacionó la violación de la costumbre internacional con la supervivencia de la norma?

4.21: Pregunta abierta:

¿Cuál es la relación entre los Estados nuevos y la costumbre internacional?

4.22: Opción múltiple:

¿Cuál de las siguientes prácticas podría contribuir a la formación de una costumbre internacional?

a) La adopción de leyes internas en un solo Estado.
b) La práctica diplomática de varios Estados.
c) La firma de un tratado entre dos Estados.
d) La promulgación de una resolución no vinculante en una organización internacional.

4.23: Verdadero o falso:

La práctica general y constante de los Estados es suficiente para establecer una norma de *ius cogens*.

4.24: Pregunta abierta:

¿Cómo puede un Estado demostrar su estatus como objetor persistente a una norma consuetudinaria en formación?

4.25: Caso de análisis:

En el caso de la plataforma continental del Mar del Norte (RFA c. Dinamarca y Países Bajos, 1969), ¿qué papel desempeñó la *opinio juris* en la decisión de la CIJ?

4.26: Caso hipotético:

Situación: Durante un período de tiempo prolongado, los países A, B y C han permitido el tránsito inofensivo de buques militares extranjeros a través de sus respectivos estrechos marítimos. Sin embargo, el país D, que también tiene un estrecho marítimo, ha comenzado a denegar el tránsito inofensivo a buques militares extranjeros sin proporcionar razones.

Pregunta: ¿Puede argumentarse que existe una costumbre internacional de permitir el tránsito inofensivo de buques militares a través de estrechos marítimos y que el país D está violando esta costumbre?

4.27: Verdadero o falso:

Las costumbres regionales pueden ser utilizadas para crear una norma consuetudinaria internacional.

4.28: Pregunta abierta:

¿Cómo puede un Estado modificar una norma consuetudinaria existente?

4.29: Opción múltiple con Justificación:

¿Cuál de las siguientes acciones puede ser considerada una violación de la costumbre internacional?

a) La emisión de una declaración unilateral en contra de una práctica emergente.
b) La firma de un tratado bilateral que no cumple con una norma consuetudinaria.
c) La adopción de una resolución no vinculante en una organización internacional que contradice una norma consuetudinaria.
d) La realización de acciones militares que violan la norma consuetudinaria de no intervención en asuntos internos de otro Estado.

4.30: Pregunta abierta:

¿Qué importancia tiene la práctica de los Estados en la evolución de las normas consuetudinarias en el derecho internacional?

4.31: Pregunta abierta:

¿De qué manera pueden las resoluciones de organizaciones internacionales ser útiles para identificar la *opinio juris* de los Estados en una práctica específica?

Con estas preguntas, hemos cubierto los aspectos clave de la costumbre internacional, incluida su formación, evidencia, modificación y extinción, así como la relación entre la costumbre y otras fuentes del derecho internacional. Estas preguntas permiten profundizar el conocimiento y la comprensión de la costumbre internacional y su papel en el derecho internacional público.

Capítulo 5: Algunos Principios del Derecho Internacional: El Principio de No Intervención en Asuntos Internos y Autodeterminación de los Pueblos

Capítulo 5: Algunos Principios del Derecho Internacional: El Principio de No Intervención en Asuntos Internos y Autodeterminación de los Pueblos

5.1: Verdadero o falso:

El principio de no intervención en asuntos internos prohíbe a los Estados interferir en los asuntos internos de otro Estado.

5.2: Pregunta abierta:

¿Cuál es el fundamento del principio de autodeterminación de los pueblos en el derecho internacional?

5.3: Opción múltiple:

¿Cuál de las siguientes acciones podría considerarse una violación del principio de no intervención en asuntos internos?

a) Ofrecer ayuda humanitaria a otro Estado durante una crisis natural.
b) Intervenir militarmente en otro Estado para proteger a sus ciudadanos.
c) Establecer relaciones diplomáticas con otro Estado a fin de iniciar mecanismos que pongan en marcha una posible solución a violaciones de derechos humanos.
d) Discursos públicos que denuncien violaciones de derechos humanos.

5.4: Caso de análisis:

En el caso de las actividades militares y paramilitares en Nicaragua y contra él (Nicaragua c. Estados Unidos, 1986), ¿cómo abordó la CIJ el principio de no intervención en asuntos internos?

5.5: Pregunta abierta:

¿Cuál es la relación entre el principio de autodeterminación de los pueblos y el derecho a la independencia en el derecho internacional?

5.6: Emparejamiento

Empareje los siguientes conceptos con sus definiciones:

Principio de no intervención
Autodeterminación de los pueblos
Intervención humanitaria
Intervención militar
Soberanía

Definiciones:

a) El derecho de un Estado a ejercer su autoridad y control sobre su territorio y su población, sin interferencia de otros Estados.
b) La acción de un Estado o grupo de Estados de intervenir militarmente en otro Estado con el fin de proteger a su población de violaciones graves de los derechos humanos o del derecho internacional humanitario.
c) La acción de un Estado o grupo de Estados de intervenir en otro Estado con el fin de proteger a su población de desastres naturales o crisis humanitarias.
d) El derecho de todos los pueblos a decidir libremente su destino político, económico, social y cultural, sin interferencias externas.
e) Una norma fundamental del derecho internacional que establece que ningún Estado tiene derecho a intervenir, directa o indirectamente, en los asuntos internos de otro Estado.

5.7: Verdadero o falso:

El principio de no intervención en asuntos internos prohíbe a los Estados ofrecer ayuda humanitaria a otro Estado.

5.8: Caso de análisis:

En el caso de Kosovo, ¿cómo se aplicó el principio de autodeterminación de los pueblos y cómo afectó la declaración de independencia de Kosovo en 2008?

5.9: Pregunta abierta:

¿Cuándo puede considerarse legítima una intervención militar en otro Estado según el principio de no intervención en asuntos internos?

5.10: Opción múltiple:

¿Cuál de las siguientes situaciones NO es una violación del principio de no intervención en asuntos internos?

a) Un Estado interviene militarmente en otro Estado para derrocar a un gobierno que considera ilegítimo.
b) Un Estado incumple obligaciones contractuales como respuesta a violaciones a obligaciones incumplidas por el otro estado.
c) Un Estado reconoce a un grupo insurgente como el gobierno legítimo de otro Estado.
d) Un Estado proporciona apoyo financiero a grupos políticos opositores.

5.11: Verdadero o falso:

La autodeterminación de los pueblos siempre implica el derecho a la secesión y la formación de un nuevo Estado.

5.12: Verdadero o falso:

El principio de autodeterminación de los pueblos se refiere al derecho de los pueblos a determinar libremente su estatus político, económico, social y cultural.

5.13: Opción múltiple:

El principio de autodeterminación de los pueblos es fundamental en:

a) La descolonización de territorios no autónomos
b) La creación de Estados federales o confederales
c) La secesión de una parte de un Estado existente
d) Todas las anteriores

5.14: Pregunta abierta:

¿Cómo impacta el principio de no intervención en los asuntos internos en el principio de autodeterminación de los pueblos?

5.15: Pregunta abierta:

¿Qué sentido tiene la palabra "pueblo" como concepto titular del derecho a la autodeterminación?

5.16: Opción múltiple:

El principio de no intervención en asuntos internos puede ser justificado en las siguientes situaciones:

a) Cuando el Estado en cuestión ha solicitado la intervención de otro Estado para ayudar en la resolución de un conflicto interno
b) Cuando la intervención es autorizada por el Consejo de Seguridad de la ONU en virtud del Capítulo VII de la Carta de la ONU
c) Cuando un estado denuncia a otro por incumplimiento de normativa fundamental de los derechos humanos.
d) Las dos anteriores

5.17: Caso práctico:

Un Estado X está atravesando un conflicto armado interno entre el gobierno y un grupo armado rebelde. El Estado vecino Y decide intervenir militarmente para apoyar al gobierno de X en su lucha contra los rebeldes, alegando que el conflicto está desestabilizando la región y afectando la seguridad de Y. ¿Esta intervención es consistente con el principio de no intervención en asuntos internos? ¿Qué factores deberían ser considerados al evaluar la legalidad de la intervención?

5.18: Verdadero o falso:

El principio de no intervención en asuntos internos se aplica solo a las relaciones entre Estados y no es relevante en el contexto de las relaciones entre Estados y organizaciones internacionales.

5.19: Pregunta abierta:

¿Cuál es la relación entre el principio de no intervención en asuntos internos y la prohibición del uso de la fuerza en las relaciones internacionales?

5.20: Análisis de caso:

Imagina un caso en el que un Estado A está experimentando una violación grave y sistemática de los derechos humanos de su población. El Estado B, preocupado por la situación, decide emitir un comunicado condenando las violaciones y llamando al Estado A a tomar medidas para remediar la situación. ¿Constituye esto una violación del principio de no intervención en los asuntos internos?

5.21: Verdadero o falso:

El principio de autodeterminación de los pueblos permite a los grupos étnicos, culturales o religiosos dentro de un Estado declarar unilateralmente su independencia y formar un nuevo Estado sin el consentimiento del gobierno central.

5.22: Opción múltiple:

El principio de autodeterminación de los pueblos puede manifestarse a través de:

a) El derecho a participar en la toma de decisiones políticas, económicas y sociales.
b) El derecho a la secesión y la creación de un nuevo Estado.
c) El derecho a la autonomía interna y el autogobierno.
d) Todas las anteriores.

5.23: Pregunta abierta:

¿Cuáles son los principales requisitos o condiciones necesarios para que se considere la existencia de un movimiento de liberación nacional legítimo en el contexto del derecho internacional?

5.24: Verdadero o falso:

El principio de autodeterminación de los pueblos justifica la intervención militar en otros Estados para proteger los derechos de las minorías étnicas, culturales o religiosas.

5.25: Pregunta abierta:

¿Cuál es la importancia de los movimientos de liberación nacional en el contexto del derecho internacional y el principio de autodeterminación de los pueblos?

5.26: Verdadero o Falso:

Los movimientos de liberación nacional solo pueden lograr sus objetivos a través de la violencia armada y la lucha armada.

5.27: Opción múltiple:

¿Cuál de las siguientes afirmaciones es cierta con respecto a los movimientos de liberación nacional?

a) Los movimientos de liberación nacional solo pueden ocurrir en países colonizados.
b) Los movimientos de liberación nacional no tienen relevancia en el derecho internacional.
c) Los movimientos de liberación nacional pueden estar relacionados con la lucha por la autodeterminación de los pueblos.
d) Los movimientos de liberación nacional siempre resultan en la creación de nuevos Estados.

5.28: Pregunta abierta:

¿Cuáles son los principales derechos y obligaciones que adquiere un movimiento de liberación nacional en el marco del derecho internacional?

Capítulo 6: Abstención y Uso de la Fuerza

Capítulo 6: Abstención y Uso de la Fuerza

Introducción: El capítulo seis del manual se centrará en el principio de abstención y el uso de la fuerza en el derecho internacional público. Este principio es fundamental para mantener la paz y la seguridad internacional y es una de las bases del sistema jurídico internacional. En este capítulo, se explorarán las diferentes formas en que los Estados deben abstenerse de utilizar la fuerza en sus relaciones internacionales, así como las circunstancias en las que el uso de la fuerza puede estar justificado o permitido bajo el derecho internacional. Se abordarán conceptos claves como la legítima defensa, la intervención humanitaria, la intervención por invitación y el uso de la fuerza autorizado por el Consejo de Seguridad de la ONU. También se incluirán preguntas y ejercicios basados en casos reales e hipotéticos, lo que permitirá a los lectores aplicar sus conocimientos en contextos prácticos y comprender mejor las implicaciones de las normas del derecho internacional público en relación con la abstención y el uso de la fuerza.

6.1: Opción múltiple:

Según la Carta de las Naciones Unidas, los Estados Miembros deben:

a) Resolver sus controversias internacionales por medios pacíficos.
b) Abstenerse de utilizar la fuerza en sus relaciones internacionales.
c) Actuar de acuerdo con los principios de justicia y derecho internacional.
d) Todas las anteriores.

6.2: Verdadero o falso:

El uso de la fuerza en legítima defensa está prohibido por el derecho internacional.

6.3: Opción Múltiple:

¿Qué organismo internacional tiene la facultad de autorizar el uso de la fuerza en el marco del derecho internacional?

a) La Corte Internacional de Justicia
b) La Asamblea General de la ONU

c) El Consejo de Seguridad de la ONU
d) La Organización Mundial de la Salud

6.4: Pregunta abierta:

¿Cómo aprecia el Consejo de Seguridad de las Naciones Unidas la existencia de un peligro para la paz o la seguridad internacional en la práctica?

6.5: Emparejamiento:

Empareje los siguientes términos con sus definiciones:

• Ius ad bellum
• Ius in bello
• Legítima defensa
• No intervención

a) Derecho que rige la conducta de las partes durante un conflicto armado.
b) Derecho que regula cuándo es lícito recurrir al uso de la fuerza.
c) Principio que prohíbe a los estados interferir en los asuntos internos de otros estados.
d) Derecho de un estado a usar la fuerza en respuesta a un ataque armado.

6.6: Emparejamiento:

Empareja los siguientes conceptos con sus definiciones:

Intervención humanitaria
Intervención por invitación
Uso de la fuerza autorizado por el Consejo de Seguridad de la ONU

a) El uso de la fuerza por un Estado en otro Estado con el consentimiento del gobierno de ese Estado, generalmente para ayudar a mantener o restablecer el orden público y la seguridad.
b) El uso de la fuerza por uno o varios Estados en otro Estado sin su consentimiento, con el objetivo de poner fin a violaciones masivas y sistemáticas de los derechos humanos o aliviar el sufrimiento humano.

c) El uso de la fuerza por uno o varios Estados en otro Estado cuando está autorizado por el Consejo de Seguridad de la ONU en virtud del Capítulo VII de la Carta de las Naciones Unidas para mantener o restablecer la paz y la seguridad internacionales.

6.7: Pregunta abierta:

El concepto de legítima defensa es fundamental en el derecho internacional, especialmente en el contexto del uso de la fuerza entre Estados. Según la Carta de las Naciones Unidas y la jurisprudencia internacional, ¿cuáles son los principales requisitos que deben cumplirse para que un Estado pueda invocar legítimamente el derecho de legítima defensa?

6.8: Opción múltiple:

La intervención humanitaria sin el consentimiento del Estado afectado y sin la autorización del Consejo de Seguridad de la ONU es:

a) Siempre es legal bajo el derecho internacional.
b) Legal bajo el derecho internacional si existe una necesidad urgente de proteger a los civiles de violaciones masivas y sistemáticas de los derechos humanos.
c) Generalmente considerada ilegal bajo el derecho internacional.
d) Legal bajo el derecho internacional si el Estado afectado es incapaz de proteger a su propia población.

6.9: Verdadero o falso:

Un Estado puede utilizar la fuerza en otro Estado para proteger a sus propios ciudadanos en ese Estado sin el consentimiento del Estado afectado.

6.10: Pregunta abierta:

¿Cuál es la diferencia entre la legítima defensa individual y la legítima defensa colectiva?

6.11: Opción múltiple:

El principio de no intervención en los asuntos internos de otros Estados se basa en:

a) La igualdad soberana de los Estados.
b) La prohibición del uso de la fuerza en las relaciones internacionales.
c) El principio de no injerencia en los asuntos internos de otros Estados.
d) Todas las anteriores.

6.12: Pregunta abierta:

¿Cuál es la diferencia entre la intervención humanitaria y la responsabilidad de proteger (R2P)?

6.13: Análisis de casos:

En el caso de la intervención militar en Siria por parte de Estados Unidos y sus aliados en 2018, ¿qué justificó la intervención según los Estados que intervinieron?

6.14: Emparejamiento:

Empareja las siguientes acciones con su legalidad bajo el principio de no intervención en asuntos internos y autodeterminación de los pueblos:

- Intervención militar para proteger a una minoría étnica en otro Estado.
- Apoyo financiero y logístico a un grupo rebelde en otro Estado.
- Intervención para frenar un genocidio en otro Estado con la autorización del Consejo de Seguridad de la ONU.
- Asistencia a otro estado que solicita defenderse militarmente contra otro estado agresor.
- Intervención militar en socorro de una población azotada por su propio gobierno
- Operación militar en otro estado en socorro a sus nacionales

a) Legal
b) Ilegal

6.15: Pregunta abierta:

¿Cuál es el principio general en relación con el uso de la fuerza por parte de los Estados en el derecho internacional?

6.16: Verdadero o falso:

La legítima defensa es una excepción a la prohibición del uso de la fuerza en el derecho internacional.

6.17: Opción múltiple:

¿Cuál de las siguientes situaciones podría justificar el uso de la fuerza por parte de un Estado en el derecho internacional?

a) Un ataque armado inminente pero aún no realizado.
b) Una disputa territorial con otro Estado.
c) La protección de los ciudadanos de un Estado en el territorio de otro Estado.
d) Ninguna de las anteriores.

6.18: Pregunta abierta:

¿Cuándo se considera que un Estado ha ejercido su derecho a la legítima defensa colectiva?

6.19: Pregunta abierta:

¿Cuáles son las condiciones necesarias para activar el Capítulo VII de la Carta de las Naciones Unidas?

6.20: Opción múltiple:

Según el Capítulo VII de la Carta de las Naciones Unidas, ¿qué tipo de medidas puede adoptar el Consejo de Seguridad para enfrentar una amenaza a la paz, una ruptura de la paz o un acto de agresión?

a) Medidas militares solamente.
b) Medidas diplomáticas y económicas solamente.
c) Medidas militares, diplomáticas y económicas.

d) Ninguna medida.

6.21: Análisis de Casos:

Un estado A ha sido atacado por un grupo armado no estatal que opera desde el territorio de un estado B. El estado B no ha podido o no ha querido tomar medidas para prevenir estos ataques. ¿Puede el estado A ejercer su derecho a la legítima defensa contra el estado B según el derecho internacional? Justifique su respuesta.

6.22: Análisis de Casos:

Imagina que un conflicto armado ha estallado entre dos países debido a un desacuerdo territorial. Un tercer país, que tiene una alianza de defensa con uno de los países en conflicto, decide intervenir para ayudar a su aliado. ¿Cómo evaluarías esta situación desde la perspectiva del derecho internacional?

6.23: Análisis de Casos:

Un país ha sufrido una serie de ataques terroristas por parte de un grupo extremista desde el exterior. ¿Cómo se debería manejar este escenario desde la perspectiva del derecho internacional, qué dificultad legal identifica?

6.24: Análisis de Casos:

Imagina que un estado decide intervenir militarmente en otro estado con el objetivo de prevenir un genocidio inminente. Sin embargo, no hay tiempo para obtener la autorización del Consejo de Seguridad de la ONU. ¿Cómo se evaluaría la legalidad de esta intervención desde la perspectiva del derecho internacional?

6.25. Análisis de Casos:

Un país, llamémoslo País A, ha sido objeto de un ataque armado no provocado por parte de otro estado, el País B. El gobierno del País A decide responder militarmente contra el País B, argumentando que está actuando en legítima defensa. Sin embargo, la respuesta militar del País A es mucho más intensa que el ataque inicial del País B y resulta en una cantidad significativamente mayor de daño y pérdida de vidas civiles.

Analiza esta situación a la luz del derecho internacional, considerando específicamente los criterios de necesidad y proporcionalidad en el uso de la legítima defensa. ¿La respuesta militar del País A se ajusta a estos criterios?

6.26: Caso Practico:

Un grupo armado no estatal realiza ataques transfronterizos contra un Estado vecino. El Estado atacado decide intervenir militarmente en el territorio del Estado desde donde se originaron los ataques para neutralizar al grupo armado. ¿Esta intervención es legal según el derecho internacional público y el principio de no intervención en asuntos internos?

Estas preguntas cubren una variedad de temas relacionados con la abstención y el uso de la fuerza en el derecho internacional, incluyendo la prohibición del uso de la fuerza, las excepciones a esta prohibición, y la relación entre el principio de la responsabilidad de proteger y el uso de la fuerza.

Capítulo 7: Solución Pacífica de Controversias

Capítulo 7: Solución Pacífica de Controversias

Este capítulo se centra en los mecanismos y principios del derecho internacional relacionados con la solución pacífica de controversias entre Estados. Los lectores aprenderán sobre las diferentes vías diplomáticas, jurídicas y políticas para resolver disputas y varias reglas que rigen estos procesos. Algunos de los temas que se tratarán incluyen la mediación, la conciliación, el arbitraje, la adjudicación y la jurisdicción de la Corte Internacional de Justicia.

7.1: Pregunta abierta:

¿Qué principios del derecho internacional rigen la solución pacífica de controversias entre Estados?

7.2: Emparejamiento:

Empareja los siguientes métodos de solución pacífica de controversias con sus respectivas descripciones:

Negociación
Mediación
Conciliación
Arbitraje
Adjudicación

a) Proceso en el que un tercero imparcial facilita la comunicación y la búsqueda de soluciones entre las partes en disputa.
b) Proceso en el que las partes en disputa presentan sus argumentos y pruebas ante un tribunal o panel de árbitros, que luego emite una decisión vinculante.
c) Proceso en el que las partes en disputa presentan sus argumentos y pruebas ante un tribunal internacional, como la Corte Internacional de Justicia, que luego emite una decisión vinculante.
d) Proceso en el que un tercero imparcial investiga y propone soluciones a las partes en disputa, aunque estas soluciones no son vinculantes.
e) Proceso en el que las partes en disputa se comunican directamente entre sí para resolver sus diferencias sin la intervención de un tercero.

7.3: Caso de análisis:

En un conflicto fronterizo entre dos Estados, Estado A y Estado B, ambos gobiernos deciden someter la disputa a un panel de expertos imparciales, que investigarán y propondrán soluciones a las partes. Sin embargo, las partes no están obligadas a aceptar las soluciones propuestas. ¿Qué método de solución pacífica de controversias están utilizando los Estados A y B en este caso?

7.4: Opción múltiple:

¿Cuál de las siguientes afirmaciones es verdadera con respecto a la jurisdicción de la Corte Internacional de Justicia (CIJ)?

a) La CIJ tiene jurisdicción obligatoria sobre todos los Estados miembros de la ONU.
b) La jurisdicción de la CIJ se basa en el consentimiento de los Estados.
c) La CIJ tiene jurisdicción exclusiva sobre las controversias entre Estados.
d) La CIJ puede ejercer jurisdicción en controversias entre estados e individuos que acepten la jurisdicción de la Corte.

7.5: Verdadero o falso:

La solución pacífica de controversias implica que las partes en disputa deben llegar a un acuerdo en todas las situaciones.

7.6: Pregunta abierta:

¿Cuál es la principal diferencia entre el arbitraje y la adjudicación en la solución pacífica de controversias?

7.7: Caso de análisis:

Dos Estados, X e Y, tienen una disputa sobre los derechos de explotación de recursos naturales en una zona marítima en disputa. Ambos Estados acuerdan someter la disputa a un tercero imparcial, que escuchará los argumentos y pruebas de ambos Estados y emitirá una decisión vinculante. Sin embargo, este tercero no es un tribunal internacional establecido. ¿Qué método de solución pacífica de controversias están utilizando los Estados X e Y en este caso?

7.8: Opción múltiple:

¿Cuál de los siguientes métodos de solución pacífica de controversias se basa en la intervención de un tercero imparcial que facilita la comunicación y la búsqueda de soluciones entre las partes en disputa, pero no emite una decisión vinculante?

a) Negociación
b) Mediación
c) Conciliación
d) Arbitraje

7.9: Emparejamiento:

Empareja los siguientes artículos de la Carta de las Naciones Unidas con las disposiciones correspondientes relacionadas con la solución pacífica de controversias:

Artículo 33
Artículo 36
Artículo 37
Artículo 38

a) Establece que el Consejo de Seguridad puede recomendar procedimientos y métodos adecuados para la solución de disputas.
b) Establece que las partes en una disputa que pueda conducir a una ruptura de la paz y la seguridad internacionales deben buscar primero la solución de la disputa mediante la negociación, mediación, conciliación, arbitraje, adjudicación, solución regional u otros medios pacíficos de su elección.
c) Establece que el Consejo de Seguridad puede instar a las partes en disputa a cumplir con las disposiciones del artículo 33.
d) Establece que, en caso de no resolverse la disputa mediante los medios establecidos en el artículo 33, las partes pueden referir el asunto al Consejo de Seguridad.

7.10: Verdadero o falso:

El capítulo VI de la Carta de las Naciones Unidas establece medidas coercitivas para la solución de controversias entre Estados.

7.11: Pregunta abierta:

¿Qué rol tiene el Consejo de Seguridad de las Naciones Unidas en la solución pacífica de controversias entre Estados?

7.12: Opción múltiple:

¿Cuál de los siguientes métodos de solución pacífica de controversias implica la presentación de argumentos y pruebas ante un tribunal internacional establecido, como la Corte Internacional de Justicia, que luego emite una decisión vinculante?

a) Negociación
b) Mediación
c) Conciliación
d) Adjudicación

7.13: Pregunta abierta:

¿Cuáles son algunas de las ventajas y desventajas de utilizar la negociación como método de solución pacífica de controversias en el derecho internacional?

7.14: Caso de análisis:

Estado A y Estado B han estado involucrados en una disputa territorial en una región rica en recursos naturales. Ambos Estados han acordado someter su disputa a un proceso de conciliación. ¿Qué deberían esperar las partes del proceso de conciliación y cuál sería el resultado probable?

7.15: Verdadero o falso:

La Corte Internacional de Justicia (CIJ) solo puede escuchar casos entre Estados miembros de las Naciones Unidas.

7.16: Pregunta abierta:

¿Cuál es el papel del Secretario General de las Naciones Unidas en la solución pacífica de controversias?

7.17: Caso de análisis:

Estado A y Estado B han tenido tensiones crecientes debido a un conflicto sobre la delimitación de sus zonas económicas exclusivas (ZEE) en un área marítima rica en recursos naturales. Ambos Estados son partes en la Convención de las Naciones Unidas sobre el Derecho del Mar (CNUDM). ¿Qué opciones tienen estos Estados para resolver su disputa pacíficamente bajo la CNUDM?

7.18: Opción múltiple:

¿Qué entidades pueden acceder a la Corte Internacional de Justicia (CIJ) según su competencia *ratione personae*?

a) Solo Estados miembros de las Naciones Unidas
b) Estados miembros y Estados no miembros de las Naciones Unidas
c) Organizaciones internacionales
d) Individuos

7.19: Verdadero o falso:

La CIJ solo puede ejercer su competencia en casos en los que todas las partes involucradas en la disputa hayan dado su consentimiento previo.

7.20: Verdadero o falso:

La CIJ puede ejercer su competencia en casos en los que un tercero indispensable no ha dado su consentimiento para participar en el proceso.

7.21: Opción múltiple:

¿Qué elemento debe estar presente para que la CIJ ejerza su competencia en virtud de la cláusula facultativa de jurisdicción obligatoria (artículo 36, §2)?

a) Un compromiso ocasional firmado por las partes en disputa

b) Una declaración de aceptación de la jurisdicción obligatoria de la CIJ por ambas partes

c) Una resolución del Consejo de Seguridad de las Naciones Unidas

d) Un acuerdo previo entre las partes involucradas en el caso

7.22: Verdadero o falso:

El momento adecuado para evaluar la competencia de la CIJ es al inicio del proceso judicial.

7.23: Caso de análisis:

En el caso del Timor Oriental (Portugal c. Australia) ante la CIJ, ¿qué argumento utilizó la CIJ para justificar su falta de competencia?

7.24: Opción múltiple:

¿Cuál de las siguientes declaraciones sobre la competencia contenciosa de la CIJ es correcta?

a) La CIJ solo puede resolver disputas entre Estados miembros de las Naciones Unidas.

b) La CIJ puede ejercer su competencia si al menos una de las partes involucradas en la disputa ha dado su consentimiento.

c) La competencia contenciosa de la CIJ se basa en el consentimiento de las partes involucradas en la disputa.

d) La CIJ puede ejercer su competencia incluso si un tercero indispensable no ha dado su consentimiento.

7.25: Emparejamiento:

Empareje los siguientes términos con sus respectivas descripciones:

1. Compromiso ocasional
2. Cláusula compromisoria
3. Cláusula facultativa de jurisdicción obligatoria
4. *Forum prorogatum*

a) Mecanismo mediante el cual un Estado acepta la jurisdicción de la CIJ en casos específicos y previamente acordados.

b) Un acuerdo para someter una disputa específica a la jurisdicción de la CIJ.

c) Acuerdo previo entre las partes en un tratado para someter futuras disputas relacionadas con ese tratado a la CIJ.

d) La aceptación espontanea de la jurisdicción de la CIJ en un caso específico por parte de un Estado que no había aceptado previamente su jurisdicción.

7.26: Opción múltiple:

¿Cuál es el propósito de una reserva en el contexto de la jurisdicción obligatoria de la CIJ según el artículo 36, párrafo 2, del Estatuto de la CIJ?

a) Limitar la jurisdicción de la CIJ sobre ciertos tipos de casos o situaciones.

b) Ampliar la jurisdicción de la CIJ a casos o situaciones adicionales.

c) Establecer condiciones específicas para la aceptación de la jurisdicción de la CIJ.

d) Todas las anteriores.

7.27: Opción múltiple:

¿Cuál de los siguientes es un ejemplo de medida provisional en la CIJ?

a) Orden de arresto.

b) Incautación de bienes.

c) Suspensión temporal de actividades en disputa.

d) Imposición de sanciones económicas.

7.28: Verdadero o falso:

Las medidas provisionales en la CIJ tienen por objeto garantizar que los derechos de las partes no se vean perjudicados de manera irreversible antes de que la Corte emita su fallo.

7.29: Opción múltiple:

¿Cuál es el efecto principal de una excepción preliminar en la CIJ?

a) Suspender el procedimiento hasta que se resuelva la excepción.
b) Permitir que una parte presente argumentos adicionales.
c) Cambiar la jurisdicción en la que se escucha el caso.
d) Terminar el procedimiento sin considerar el mérito del caso.

7.30: Verdadero o falso:

Si un Estado no comparece ante la CIJ, la Corte no puede continuar con el caso y emitir una sentencia.

7.31: Opción múltiple:

¿Cuál de los siguientes NO es un recurso disponible para las partes después de que la CIJ emita una sentencia?

a) Interposición de un recurso de apelación.
b) Solicitud de interpretación de la sentencia.
c) Solicitud de revisión de la sentencia.

7.32: Caso de análisis:

En el caso LaGrand (Alemania c. Estados Unidos), ¿qué afirmó la CIJ sobre los efectos de sus medidas provisionals?

7.33: Opción múltiple:

¿Cuál de los siguientes es un motivo válido para la intervención de un Estado en un caso ante la CIJ, según los artículos 62 y 63 del Estatuto de la CIJ?

a) Intereses de orden político.
b) Intereses de carácter jurídico que pueden verse afectados por la decisión.
c) Intereses económicos en el resultado del caso.
d) La simple condición de ser miembro de las Naciones Unidas.

7.34: Verdadero o falso:

El artículo 94 de la Carta de las Naciones Unidas establece que las partes en un caso ante la CIJ deben cumplir con la sentencia de la Corte en cualquier caso al que sean parte.

7.35: Opción múltiple:

¿Cuál de las siguientes opciones describe correctamente el principio de la competencia de la competencia en la CIJ?

a) La CIJ tiene jurisdicción para decidir sobre su propia jurisdicción en un caso.
b) La CIJ puede delegar su jurisdicción en un tribunal nacional.
c) La CIJ debe aceptar la jurisdicción de otro tribunal internacional en casos específicos.
d) La CIJ tiene jurisdicción para revisar las decisiones de otros tribunales internacionales.

7.36: Opción múltiple:

Según el artículo 61 del Estatuto de la CIJ, ¿cuál de las siguientes opciones es un requisito para solicitar la revisión de una sentencia?

a) Que haya transcurrido un año desde la fecha de la sentencia.
b) Que haya habido un cambio en las circunstancias que dieron lugar a la sentencia.
c) Que la parte solicitante presente hechos nuevos, previamente desconocidos.
d) Que la parte solicitante haya agotado todos los recursos internos disponibles.

7.37: Verdadero o falso:

El juez ad hoc puede ser designado por las partes en un caso ante la CIJ según el artículo 31 del Estatuto de la CIJ.

7.38: Opción múltiple:

¿Quién puede solicitar un dictamen consultivo de la CIJ según el artículo 96 de la Carta de las Naciones Unidas y el artículo 65 del Estatuto de la CIJ?

a) Cualquier Estado miembro de las Naciones Unidas.

b) La Asamblea General de las Naciones Unidas.
c) Un Estado no miembro de las Naciones Unidas.
d) Una organización no gubernamental.

7.39: Verdadero o falso:

La CIJ tiene la libertad de no emitir un dictamen consultivo si no considera que existen razones "decisivas" para hacerlo.

7.40: Opción múltiple:

¿Cuál es la función principal de un dictamen consultivo emitido por la CIJ?

a) Resolver disputas legales entre Estados.
b) Proporcionar una interpretación legal autorizada
c) Establecer precedentes legales vinculantes para futuros casos.
d) Determinar la responsabilidad de un Estado por un hecho ilícito.

7.41: Verdadero o falso:

Las medidas provisionales son disposiciones temporales que pueden ser solicitadas durante el procedimiento ante la CIJ para garantizar que no se cause un daño irreparable a los derechos de las partes en litigio.

7.42: Opción múltiple:

¿Qué artículo del Estatuto de la CIJ establece la posibilidad de solicitar la revisión de un fallo?

a) Artículo 58
b) Artículo 59
c) Artículo 60
d) Artículo 61

7.43: Verdadero o falso:

Las excepciones preliminares son objeciones presentadas por una parte antes de que la Corte decida sobre el fondo del caso y pueden incluir cuestiones relacionadas con la jurisdicción de la Corte y la admisibilidad de la demanda.

7.44: Caso de análisis:

En el caso de la CIJ relativo al Asunto LaGrand (Alemania vs. Estados Unidos), ¿qué cuestión específica abordó la Corte con respecto a las medidas provisionales?

7.45: Emparejamiento:

Empareje los siguientes procedimientos y acciones con los artículos correspondientes del Estatuto de la CIJ:

1) Interpretación
2) Revisión
3) Medidas Cautelares

a) Artículo 41
b) Artículo 60
c) Artículo 61

7.46: Opción múltiple:

¿Qué artículos del Estatuto de la CIJ establecen la posibilidad de intervención por parte de terceros Estados en un caso ante la Corte?

a) Artículos 60 y 61
b) Artículos 61 y 62
c) Artículos 62 y 63
d) Artículos 63 y 64

7.47: Pregunta de emparejamiento:

Empareje los siguientes mecanismos de reparación con sus respectivas descripciones en el contexto del derecho internacional público:

Mecanismos de reparación:

Restitución
Indemnización
Satisfacción
Garantías de no repetición
Descripciones:

a. Medidas que el Estado infractor debe tomar para evitar que se repita la violación del derecho internacional en el futuro.

b. Compensación financiera que se paga al Estado o a la organización internacional que ha sufrido una pérdida como resultado de la violación del derecho internacional.

c. Reconocimiento de la violación y aceptación de la responsabilidad por parte del Estado infractor.

d. Restaurar la situación que existía antes de que se produjera la violación del derecho internacional.

Capítulo 8: Derecho del Mar

Este capítulo se centrará en las preguntas relacionadas con el Derecho del Mar, incluyendo la Convención de las Naciones Unidas sobre el Derecho del Mar (UNCLOS), así como las zonas marítimas y su régimen jurídico, tales como las aguas territoriales, la zona económica exclusiva y la plataforma continental.

8.1: Opción múltiple:

¿En qué año entró en vigor la Convención de las Naciones Unidas sobre el Derecho del Mar (UNCLOS)?

a) 1982
b) 1986
c) 1994
d) 2000

8.2: Verdadero o falso:

La anchura máxima de las aguas territoriales de un Estado costero, según lo establecido por la UNCLOS, es de 12 millas náuticas medidas a partir de las líneas de base determinadas de conformidad con la Convención.

8.3: Opción múltiple:

¿Cuál de las siguientes zonas marítimas puede llegar a estar más alejada de la costa de un Estado?

a) Zona contigua
b) Zona económica exclusiva
c) Plataforma continental
d) Aguas territoriales

8.4: Opción múltiple:

¿Cuál de las siguientes actividades está permitida en la zona económica exclusiva de un Estado costero, de acuerdo a la Convención de las Naciones Unidas sobre el Derecho del Mar?

a) El paso inocente de naves militares de cualquier Estado.

b) Explotación de los recursos del lecho marino y subsuelo marino por cualquier Estado sin la necesidad de obtener el permiso del Estado costero.

c) El sobrevuelo por aeronaves militares de cualquier Estado sin obtener el permiso del Estado costero.

d) La realización de investigaciones científicas marinas por parte de cualquier Estado con el consentimiento expreso del Estado costero.

8.5: Verdadero o falso:

El espacio aéreo sobre las aguas territoriales de un Estado costero está sujeto a la soberanía del Estado costero.

8.6: Opción múltiple:

¿Cuál de las siguientes instituciones fue establecida por la UNCLOS para supervisar la explotación de los recursos minerales del lecho y subsuelo marinos fuera de las áreas de jurisdicción nacional?

a) La Autoridad Internacional de los Fondos Marinos
b) La Comisión de Límites de la Plataforma Continental
c) La Organización Marítima Internacional
d) La Corte Internacional de Justicia

8.7: Opción múltiple:

¿Qué tipo de jurisdicción puede ejercer un Estado costero en su Zona Contigua según la Convención de las Naciones Unidas sobre el Derecho del Mar?

a) Control exclusivo sobre la exploración y explotación de los recursos naturales, tanto vivos como no vivos.

b) Derecho de sancionar infracciones de sus leyes y reglamentos fiscales cometidas en su territorio o mar territorial.

c) Plena soberanía, incluyendo el control del tráfico marítimo.

d) Derecho de aprobar o rechazar actividades de investigación científica marina de otros Estados.

8.8: Caso de análisis:

En el caso de la Plataforma Continental del Mar del Norte (1969), ¿cuál fue uno de los principales temas abordados por la Corte Internacional de Justicia?

8.9: Pregunta de emparejamiento:

Equidad
Equidistancia

A. Implica trazar una línea en la que todos los puntos están a igual distancia de las costas de los Estados vecinos.
B. Se refiere a una noción de justicia que busca un resultado justo y equitativo en las circunstancias particulares de cada caso. Esto puede tomar por ejemplo en cuenta una variedad de factores, como la longitud de las costas de los estados involucrados, la configuración geográfica, la proximidad relativa y otros elementos relevantes.

8.10: Verdadero o falso:

El paso inocente es un concepto que permite a los buques extranjeros navegar por las aguas territoriales de un Estado costero siempre y cuando no sean perjudiciales para la paz, el orden o la seguridad del Estado costero.

8.11: Opción múltiple:

¿Cuál de las siguientes afirmaciones es verdadera sobre los estrechos utilizados para la navegación internacional?

a) Los Estados costeros tienen plena soberanía sobre los estrechos y pueden restringir el paso de buques extranjeros
b) El paso por los estrechos está sujeto al mismo régimen que el paso inocente por las aguas territoriales
c) El paso por los estrechos está sujeto a un régimen especial de paso en tránsito, que permite a los buques y aeronaves extranjeras una mayor libertad de navegación
d) Los Estados costeros no tienen ninguna jurisdicción sobre los estrechos y no pueden regular el paso de buques extranjeros

8.12: Opción múltiple:

¿Qué límite de extensión se aplica a la plataforma continental según la Convención de las Naciones Unidas sobre el Derecho del Mar (UNCLOS)?

a) 200 millas náuticas desde las líneas de base
b) 350 millas náuticas desde las líneas de base
c) Hasta el borde exterior del margen continental
d) No hay límite establecido por la UNCLOS

8.13: Verdadero o falso:

Un Estado sin litoral tiene derecho a participar en la explotación de los recursos naturales en la zona económica exclusiva de un Estado costero.

8.14: Opción múltiple:

La Convención de las Naciones Unidas sobre el Derecho del Mar (UNCLOS) establece que la extensión de la zona económica exclusiva (ZEE) es de:

a) 12 millas náuticas desde las líneas de base
b) 24 millas náuticas desde las líneas de base
c) 200 millas náuticas desde las líneas de base
d) 350 millas náuticas desde las líneas de base

8.15: Opción múltiple:

Según la Convención de las Naciones Unidas sobre el Derecho del Mar (UNCLOS), ¿qué derechos tienen los Estados en su plataforma continental?

a) Derechos de pesca exclusivos
b) Derechos de tránsito libre para buques extranjeros
c) Derechos soberanos para explorar y explotar los recursos naturales
d) Derechos para establecer instalaciones militares

8.16: Verdadero o falso:

La Convención de las Naciones Unidas sobre el Derecho del Mar (UNCLOS) establece que el área internacional del fondo marino y sus recursos son patrimonio común de la humanidad.

8.17: Opción múltiple:

Según la Convención de las Naciones Unidas sobre el Derecho del Mar (UNCLOS), la Autoridad Internacional de los Fondos Marinos es responsable de:

a) Supervisar y regular la exploración y explotación de los recursos minerales del fondo marino en la Zona
b) Resolver disputas entre Estados relacionadas con la delimitación de las áreas marítimas
c) Establecer límites a la extensión de la plataforma continental
d) Determinar las rutas de navegación en la alta mar

8.18: Pregunta abierta:

¿Cómo se ejerce el poder de policía por parte de un Estado costero en su mar territorial, zona contigua, y zona económica exclusiva según la Convención de las Naciones Unidas sobre el Derecho del Mar (UNCLOS)?

8.19: Opción múltiple:

a) Libertad de navegación y libertad de pesca.
b) Libertad de establecer zonas económicas exclusivas y libertad de sobrevuelo.
c) Libertad de reclamar soberanía sobre áreas específicas de la alta mar y libertad de tender cables y tuberías submarinas.
d) Libertad de prohibir el paso de buques extranjeros en la alta mar y libertad de investigación científica marina.

8.20: Verdadero o falso:

La Convención de las Naciones Unidas sobre el Derecho del Mar (UNCLOS) establece que la gestión de la alta mar incluye la conservación y el uso sostenible de sus recursos biológicos.

8.21: Opción múltiple:

Según la Convención de las Naciones Unidas sobre el Derecho del Mar (UNCLOS), la zona contigua se extiende desde el límite exterior de la mar territorial hasta:

a) 12 millas náuticas más allá de la mar territorial
b) 24 millas náuticas desde las líneas de base
c) 200 millas náuticas desde las líneas de base
d) 350 millas náuticas desde las líneas de base

8.22: Verdadero o falso:

La Convención de las Naciones Unidas sobre el Derecho del Mar (UNCLOS) permite a los Estados establecer zonas de protección ecológica en la alta mar para preservar y proteger el medio ambiente marino.

8.23: Opción múltiple:

Según la Convención de las Naciones Unidas sobre el Derecho del Mar (UNCLOS), ¿qué se requiere para ejercer el derecho de visita en alta mar?

A. El estado que ejerce el derecho de visita debe tener una sospecha razonable de que el barco está involucrado en la piratería.
B. El estado que ejerce el derecho de visita debe obtener el consentimiento del estado cuyo pabellón está volando el barco antes de abordarlo.
C. El estado que ejerce el derecho de visita debe recibir la aprobación previa de las Naciones Unidas.
D. El estado que ejerce el derecho de visita puede abordar cualquier barco en la alta mar sin ninguna razón específica.

8.24: Pregunta abierta:

¿Cómo se puede distinguir entre un "paso inocente" y un "paso no inocente" según la Convención de las Naciones Unidas sobre el Derecho del Mar? ¿Qué criterios se utilizan para hacer esta distinción?

8.25: Opción múltiple:

¿Qué leyes y regulaciones puede hacer cumplir un estado costero en su zona contigua según la Convención de las Naciones Unidas sobre el Derecho del Mar (UNCLOS)?

a. Aduaneras, fiscales, de inmigración o sanitarias
b. Regulaciones de pesca
c. Regulaciones de seguridad marítima
d. Todas las leyes y regulaciones nacionales

8.26: Opción múltiple:

La Autoridad Internacional de los Fondos Marinos, establecida por la Convención de las Naciones Unidas sobre el Derecho del Mar (UNCLOS), tiene como objetivo principal:

a) Regular las actividades de exploración y explotación de los recursos minerales de los fondos marinos y oceánicos
b) Resolver disputas entre Estados relacionadas con la delimitación de las zonas económicas exclusivas y el uso de los recursos marinos
c) Supervisar el cumplimiento de las normas medioambientales por parte de los Estados en relación con sus actividades en la alta mar
d) Asegurar la protección de la biodiversidad marina en todo el mundo

8.27: Verdadero o falso:

El patrimonio común de la humanidad es un principio que se aplica a la "Zona" según la Convención de las Naciones Unidas sobre el Derecho del Mar (UNCLOS) y establece que los recursos de la Zona son inalienables y deben ser utilizados en interés de toda la humanidad.

8.28: Opción múltiple:

El Tribunal Internacional del Derecho del Mar, establecido por la Convención de las Naciones Unidas sobre el Derecho del Mar (UNCLOS), tiene competencia para:

a) Resolver disputas entre Estados relacionadas con la interpretación y aplicación de la Convención

b) Emitir opiniones consultivas a solicitud de Estados u organizaciones internacionales

c) Juzgar a individuos acusados de violaciones del derecho del mar

d) Adoptar medidas provisionales en casos urgentes relacionados con la conservación de los recursos marinos

8.29: Verdadero o falso:

La conservación de los recursos y la protección del medio ambiente son preocupaciones clave en la gestión de la zona económica exclusiva (ZEE) según la Convención de las Naciones Unidas sobre el Derecho del Mar (UNCLOS).

8.30: Opción múltiple:

La Convención de las Naciones Unidas sobre el Derecho del Mar (UNCLOS) establece que las áreas marinas más allá de la jurisdicción nacional de los Estados, como la alta mar, deben ser utilizadas:

a) Solo para fines pacíficos

b) Exclusivamente para fines comerciales

c) Solo para fines científicos y de investigación

d) Exclusivamente para fines militares

8.31: Verdadero o falso:

La piratería es una de las actividades ilícitas en la alta mar que justifica el ejercicio del derecho de visita y la jurisdicción universal de los Estados según la Convención de las Naciones Unidas sobre el Derecho del Mar (UNCLOS).

8.32: Opción múltiple:

¿Cuál de las siguientes opciones NO es una condición para que un Estado pueda ejercer su derecho de persecución en la zona contigua según la Convención de las Naciones Unidas sobre el Derecho del Mar (UNCLOS)?

a) La persecución debe comenzar en la zona contigua o en el mar territorial del Estado costero

b) La persecución debe ser ininterrumpida

c) El buque perseguido debe ser de la misma nacionalidad que el Estado que ejerce la persecución

d) El buque perseguido debe ser sospechoso de violar las leyes y reglamentos del Estado costero

8.33: Opción múltiple:

¿Cuál de las siguientes opciones no es una función de la Autoridad Internacional de los Fondos Marinos según la Convención de las Naciones Unidas sobre el Derecho del Mar (UNCLOS)?

a) Administrar los recursos minerales en la Zona

b) Supervisar la exploración y explotación de recursos minerales en la Zona

c) Emitir licencias de pesca en la alta mar

d) Garantizar la protección y preservación del medio ambiente en la Zona

8.34: Opción múltiple:

Según la Convención de las Naciones Unidas sobre el Derecho del Mar (UNCLOS), ¿qué criterios se utilizan para determinar la extensión de la plataforma continental de un Estado?

a) Distancia de 200 millas náuticas desde la línea de base

b) Profundidad de 2.500 metros y un límite adicional de 100 millas náuticas

c) Distancia de 350 millas náuticas desde la línea de base

d) Todas las anteriores

8.35: Opción múltiple:

¿Cuál de las siguientes afirmaciones es correcta con respecto a la zona contigua según la Convención de las Naciones Unidas sobre el Derecho del Mar (UNCLOS)?

a) Se extiende hasta 12 millas náuticas desde la línea de base del territorio del Estado.

b) El Estado costero tiene derechos exclusivos de exploración y explotación de recursos naturales en esta área.

c) Se extiende hasta 24 millas náuticas desde la línea de base del territorio del Estado.

d) El Estado costero tiene derechos exclusivos sobre la pesca en esta área.

8.36: Opción múltiple:

¿Cuál de las siguientes opciones NO es una de las libertades garantizadas por la Convención de las Naciones Unidas sobre el Derecho del Mar (UNCLOS) en la alta mar?

a) Libertad de navegación
b) Libertad de pesca
c) Libertad de construir instalaciones artificiales
d) Libertad de investigación científica marina

8.37: Opción múltiple:

¿Qué medidas pueden tomar los Estados costeros para proteger y preservar el medio ambiente marino en su zona económica exclusiva (ZEE) según la Convención de las Naciones Unidas sobre el Derecho del Mar (UNCLOS)?

a) Establecer normas y reglamentaciones para prevenir la contaminación del mar
b) Monitorear y controlar la explotación de los recursos naturales en la ZEE
c) Tomar medidas de cumplimiento en caso de violaciones a las normas y reglamentaciones
d) Todas las anteriores

8.38: Verdadero o falso:

Según la Convención de las Naciones Unidas sobre el Derecho del Mar (UNCLOS), todos los Estados tienen el deber de cooperar en la represión de la piratería en la alta mar.

8.39: Opción múltiple:

¿Cuáles son las distancias que se utilizan comúnmente en el derecho del mar para delimitar diferentes áreas marítimas bajo la Convención de las Naciones Unidas sobre el Derecho del Mar (UNCLOS)?

a) 3, 12, 24 y 200 millas náuticas
b) 3, 12, 50 y 200 millas náuticas
c) 12, 24, 100 y 350 millas náuticas
d) 12, 24, 200 y 350 millas náuticas

8.40: Respuesta corta:

¿Qué zona del mar se extiende desde la costa de un país hasta 12 millas náuticas en el mar?

8.41: Emparejamiento:

Empareje cada una de las zonas marítimas con su función legal según la Convención de las Naciones Unidas sobre el Derecho del Mar (UNCLOS):

Zonas Marítimas:
1. Mar Territorial
2. Zona Contigua
3. Zona Económica Exclusiva (ZEE)
4. Plataforma Continental
5. Alta Mar

Funciones Legales:
a. Zona en la que un Estado ejerce plena soberanía, excepto el paso inocente de buques de otros Estados.
b. Zona en la que un Estado tiene derechos especiales para la exploración y explotación de los recursos marinos, tanto vivos como no vivos.
c. Zona donde todos los Estados, tanto costeros como sin litoral, gozan de libertades de navegación y sobrevuelo, y de la colocación de cables y tuberías submarinas, así como otras libertades reconocidas por el derecho internacional.
d. Zona en la que un Estado puede ejercer control para prevenir y sancionar infracciones de sus leyes y reglamentos aduaneros, fiscales, de inmigración o sanitarios cometidos en su territorio o mar territorial.

e. Zona en la que un Estado tiene derechos soberanos para la exploración y explotación de los recursos naturales del lecho del mar y su subsuelo.

8.42: Verdadero o falso:

La Convención de las Naciones Unidas sobre el Derecho del Mar (UNCLOS) permite a los Estados costeros establecer una zona contigua hasta 24 millas náuticas desde la línea de base, donde pueden ejercer control para prevenir y sancionar infracciones de sus leyes y reglamentaciones aduaneras, fiscales, de inmigración o sanitarias.

8.43: Respuesta corta:

¿Qué término se utiliza para describir el área marítima que se extiende hasta 200 millas náuticas desde la línea de base de un Estado costero, donde este Estado tiene derechos especiales para la exploración y explotación de recursos marinos, tanto vivos como no vivos?

8.44: Verdadero o falso:

La plataforma continental, según la Convención de las Naciones Unidas sobre el Derecho del Mar, se extiende hasta la margen continental, que puede ser de 200 millas náuticas, 350 millas náuticas o la isobata de 2500 metros más 100 millas.

8.45: Opción múltiple:

En el caso de la plataforma continental (Túnez c. Libia), ¿qué fallo emitió la Corte Internacional de Justicia con respecto a la delimitación de la plataforma continental?

a) Basado en la equidistancia
b) Basado en un acuerdo previo entre las partes
c) Basado en principios equitativos
d) Basado en la resolución de la Asamblea General de las Naciones Unidas

8.46: Verdadero o falso:

La plataforma continental se extiende desde la costa hasta un máximo de 200 millas náuticas, sin tener en cuenta la profundidad del mar.

8.47: Respuesta corta:

¿Qué método de delimitación de límites marítimos se basa en trazar una línea equidistante entre dos estados costeros, de modo que cada punto de la línea esté a igual distancia de los puntos más cercanos en las costas de ambos estados?

Capítulo 9: Protección Diplomática

El objetivo de este capítulo es abordar el tema de la protección diplomática en el ámbito del derecho internacional público. Examinaremos el fundamento jurídico y las justificaciones detrás del ejercicio de la protección diplomática por parte de los Estados, así como las condiciones que deben cumplirse para que un Estado pueda ejercerla en nombre de uno de sus nacionales en el extranjero. A través de diversos tipos de preguntas y ejercicios, los lectores podrán profundizar su comprensión sobre este aspecto importante del derecho internacional y aplicar sus conocimientos en situaciones prácticas.

9.1. Opción múltiple:

¿Cuál de las siguientes afirmaciones describe mejor el propósito de la protección diplomática?

a) La protección diplomática se utiliza para resolver disputas entre Estados.
b) La protección diplomática es un mecanismo para proteger los intereses comerciales de un Estado en otro país.
c) La protección diplomática se ejerce por un Estado en nombre de sus nacionales en el extranjero cuando sus derechos han sido violados.
d) La protección diplomática es un mecanismo para evitar conflictos armados entre Estados.

9.2. Verdadero o falso:

El principio de la nacionalidad efectiva es un requisito clave para ejercer la protección diplomática.

9.3. Pregunta de emparejamiento:

Empareje los siguientes términos con sus respectivas definiciones:

a) Agotamiento de recursos locales
b) Clausula Calvo
c) Nacionalidad efectiva
d) Espíritu de la reclamación

1) Un principio que establece que un Estado solo puede ejercer la protección diplomática si el individuo afectado tiene un vínculo genuino y sustancial con el Estado.

2) La obligación de que un individuo busque primero reparación ante las autoridades nacionales antes de que un Estado pueda ejercer la protección diplomática en su nombre.

3) Un concepto que sugiere que una reclamación diplomática debe basarse en una violación del derecho internacional y no solo en una violación del derecho interno.

4) Una cláusula contractual mediante la cual los inversores extranjeros acuerdan renunciar a la protección diplomática de su Estado de origen y someterse exclusivamente a la jurisdicción del Estado receptor.

9.4. Análisis de caso:

En el caso Barcelona Traction (Bélgica v. España) ante la Corte Internacional de Justicia, Bélgica ejerció la protección diplomática en nombre de los accionistas belgas de la empresa Barcelona Traction. ¿Cuál fue el resultado del caso y cómo se relaciona con el principio de la nacionalidad efectiva en el contexto de la protección diplomática?

9.5: Opción múltiple:

Según la jurisprudencia del caso *LaGrand*, ¿cuál es el principal objetivo de las garantías consulares establecidas en el artículo 36 de la Convención de Viena sobre Relaciones Consulares?

a) Proteger los derechos del Estado.
b) Proteger los derechos del individuo detenido.
c) Proteger los derechos del Estado y del individuo detenido.
d) Proteger los derechos de las organizaciones internacionales.

9.6: Verdadero o falso:

Las inmunidades diplomáticas y consulares son absolutas y no pueden ser renunciadas.

9.7: Pregunta de emparejamiento:

Empareje los siguientes términos con sus definiciones:

a) Asilo diplomático
b) Espacios inviolables
c) Notificación consular
d) Funciones consulares

1) Protección otorgada por una embajada o legación a una persona buscada por las autoridades del país anfitrión.

2) Áreas dentro de las instalaciones diplomáticas y consulares que no pueden ser ingresadas o registradas sin el consentimiento del jefe de la misión o del Estado acreditante.

3) La obligación de un Estado receptor de informar a los funcionarios consulares de otro Estado sobre la detención de un nacional de ese Estado en un plazo razonable.

4) Los servicios proporcionados por un consulado a sus nacionales en el extranjero, como la emisión de documentos de identidad y la asistencia en casos de emergencia.

9.8: Pregunta abierta:

¿En qué consiste la protección diplomática y qué acciones puede tomar un Estado para ejercerla en nombre de sus nacionales?

9.9: Análisis de caso:

En un caso hipotético, un nacional de País A es arrestado en País B por cargos de espionaje. El País B no notifica a País A ni permite la asistencia consular. Posteriormente, el nacional del País A es condenado y encarcelado. ¿Cuál sería la posición del País A en términos de protección diplomática y protección consular en este caso?

9.10. Pregunta abierta:

¿Qué tipos de reparación pueden buscar los estados en casos de protección diplomática cuando se ha cometido un acto ilícito internacional, y qué acciones pueden tomar para buscar dicha reparación?

9.11: Verdadero o falso:

La protección diplomática solo puede ser ejercida cuando un nacional ha agotado todos los recursos legales disponibles en el Estado receptor.

9.12: Pregunta abierta:

¿Cuáles son las condiciones bajo las cuales un Estado puede ejercer la protección diplomática en favor de una persona jurídica (por ejemplo, una empresa)?

9.13: Análisis de caso:

Un nacional del País X es detenido en el País Y bajo sospecha de tráfico de drogas. Después de tres meses, el País Y aún no ha notificado al País X sobre la detención de su nacional. ¿Qué acciones podría tomar el País X en relación con la protección consular y la protección diplomática?

9.14: Verdadero o falso:

El ejercicio de la protección diplomática puede considerarse una intervención en los asuntos internos de otro Estado.

9.15: Pregunta abierta:

¿Cuándo se considera que un nacional ha agotado los recursos legales internos de un Estado y, por lo tanto, su Estado de origen puede ejercer la protección diplomática en su nombre?

9.16: Análisis de casos:

El País A arrestó y detuvo a un nacional del País B por cargos de violación a la ley local. El País B ha solicitado acceso consular para su nacional detenido, pero el País A ha negado esta solicitud. ¿Qué acciones puede tomar el País B de acuerdo con el derecho internacional?

9.17: Opción múltiple:

¿Cuál de las siguientes acciones es un ejemplo de protección consular brindada por un Estado a sus nacionales en el extranjero?

a) Negociar un tratado en nombre de un nacional.
b) Intervenir en un proceso judicial en otro país en nombre de un nacional.
c) Visitar a un nacional detenido y garantizar que se respeten sus derechos.
d) Presentar una queja ante un organismo internacional en nombre de un nacional.

9.18: Verdadero o falso:

Un Estado puede ejercer la protección diplomática en nombre de un nacional, incluso si este nacional tiene doble nacionalidad y la otra nacionalidad es la del Estado receptor.

9.19: Verdadero o falso:

Los derechos y obligaciones relacionados con la protección diplomática y consular son solo aplicables a los ciudadanos de un Estado, pero no a las personas jurídicas, como las corporaciones.

9.20: Opción múltiple:

¿Cuál de las siguientes afirmaciones describe mejor la protección diplomática?

a) La representación de un Estado por diplomáticos ante otro Estado
b) La protección de los intereses de un Estado y sus nacionales en el territorio de otro Estado
c) La protección de la misión diplomática de un Estado en el territorio de otro Estado
d) La protección de la embajada de un Estado ante ataques físicos

9.21: Pregunta abierta:

Explique las diferencias clave entre la protección diplomática y la protección consular.

9.22: Verdadero o falso:

La protección diplomática es un derecho que los nacionales tienen frente a su propio Estado.

9.23: Análisis de casos:

En el caso *LaGrand* (Alemania c. Estados Unidos), la Corte Internacional de Justicia (CIJ) abordó el tema de la protección diplomática en relación con la Convención de Viena sobre Relaciones Consulares. Explique brevemente el caso y la decisión de la CIJ en cuanto a la protección diplomática.

9.24: Pregunta abierta:

¿Cuáles son las condiciones para que un Estado pueda ejercer la protección diplomática en favor de uno de sus nacionales?

9.25: Verdadero o falso:

Un Estado solo puede ejercer protección diplomática en favor de sus nacionales si estos han sido objeto de violaciones graves de derechos humanos.

9.26: Pregunta de emparejamiento:

Empareje los siguientes términos relacionados con la protección diplomática con sus descripciones:
a) Excepción de falta de reciprocidad
b) Calvo Clause

Descripciones:
1) Una disposición contractual que establece que un inversor extranjero renuncia a su derecho a solicitar la protección diplomática de su Estado de origen en relación con una inversión en el Estado receptor.
2) Un argumento presentado por un Estado para negar la protección diplomática a un nacional extranjero alegando que el Estado del nacional no otorgaría protección similar en circunstancias equivalentes.

9.27: Opción múltiple:

¿Cuál de las siguientes acciones no es un ejemplo de protección consular?

a) Expedición de pasaportes y documentos de viaje.
b) Asistencia legal a nacionales detenidos.
c) Representación de un Estado ante otro en relaciones diplomáticas.
d) Asistencia en casos de desastres naturales.

9.28: Pregunta de emparejamiento:

Empareje los términos con sus definiciones:
a) Protección consular
b) Asilo diplomático
c) Inmunidad diplomática

Definiciones:

1) El derecho de un funcionario diplomático de estar protegido de la jurisdicción penal y civil del Estado receptor.
2) La práctica de proteger y asistir a los nacionales de un Estado en el territorio de otro Estado a través de las funciones consulares.
3) La protección otorgada por un Estado a una persona en sus instalaciones diplomáticas, como una embajada, para evitar su arresto o extradición.

Ahora pasemos al capítulo once sobre inmunidad de jurisdicción.

Capítulo 10: Inmunidad de Jurisdicción

La inmunidad de jurisdicción es un principio fundamental del derecho internacional público que protege a ciertos actores, como Estados, funcionarios diplomáticos y organizaciones internacionales, de ser sometidos a la jurisdicción de los tribunales extranjeros. En este capítulo, examinaremos los diferentes tipos de inmunidades, las bases legales y las excepciones a la inmunidad de jurisdicción.

10.1: Opción múltiple:

¿Cuáles son los principales tipos de inmunidad en el derecho internacional?
a) Inmunidad de jurisdicción y ejecución
b) Inmunidad diplomática y consular
c) Inmunidad soberana y de los jefes de Estado
d) Todas las anteriores

10.2: Pregunta abierta:

Explique brevemente la diferencia entre la inmunidad de jurisdicción y la inmunidad de ejecución.

10.3: Verdadero o falso:

Los jefes de Estado gozan de inmunidad absoluta ante los tribunales extranjeros.

10.4: Pregunta abierta:

¿Cuáles son los requisitos y condiciones clave para invocar la inmunidad diplomática según la Convención de Viena sobre Relaciones Diplomáticas?

10.5: Análisis de casos:

En el caso de la Solicitud de Arresto (Congo v. Bélgica) de la CIJ, ¿cuál fue la decisión de la Corte respecto a la inmunidad del Ministro de Asuntos Exteriores del Congo?

10.6: Opción múltiple:

La inmunidad de jurisdicción de un Estado se extiende a:
a) Actos iure gestionis
b) Actos iure imperii
c) Ambos tipos de actos
d) Ninguno de los dos tipos de actos

10.7: Pregunta abierta:

¿Cuál es la principal razón por la que las misiones diplomáticas y sus funcionarios gozan de inmunidad en el Estado receptor?

10.8: Verdadero o falso:

Las propiedades y bienes de las misiones diplomáticas en el Estado receptor están exentos de toda forma de expropiación.

10.9: Análisis de casos:

En el caso Inmunidad Jurisdiccional del Estado (Alemania c. Italia), ¿qué sostuvo la CIJ sobre la inmunidad de jurisdicción de un Estado en casos de violaciones graves de derechos humanos?

10.10: Verdadero o falso:

Las organizaciones internacionales gozan de inmunidad de jurisdicción, pero esta inmunidad no es absoluta y puede ser restringida en ciertos casos.

10.11: Análisis de caso:

En un conflicto armado, un Estado A capturó a un diplomático de un Estado B y lo retuvo como prisionero de guerra. ¿Es esto legal según el derecho internacional? Explique su respuesta.

10.12: Pregunta abierta:

¿Cuál es la diferencia entre los actos de ius gestionis y los actos de iuris imperi en el contexto de la inmunidad soberana?

10.13: Análisis de caso:

Dada la norma de inmunidad de jurisdicción en el derecho internacional, ¿cómo es posible que los tribunales internacionales, como la Corte Penal Internacional, puedan juzgar a jefes de Estado y otros altos funcionarios gubernamentales por crímenes contra la humanidad y otros crímenes graves?

10.14: Verdadero o falso:

Los agentes diplomáticos, a pesar de su inmunidad, pueden ser expulsados del Estado receptor en cualquier momento y por cualquier motivo.

10.15: Pregunta abierta:

¿Cuál es la principal diferencia entre la inmunidad de jurisdicción y la inmunidad de ejecución en el derecho internacional?

10.16: Opción múltiple:

¿Qué tipo de activos estatales suelen estar protegidos por la inmunidad de ejecución?

a) Los activos que son usados o destinados a ser usados en funciones comerciales (actos de iure gestionis).
b) Los activos que son usados o destinados a ser usados en funciones gubernamentales (actos de iure imperii).
c) Los activos que el Estado tiene en otro país para fines de inversión privada.
d) Todos los activos que el Estado posee en el extranjero.

10.17: Análisis de casos:

En el caso Jurisdicciones Inmunidades del Estado (Alemania c. Italia: Grecia interviniendo, 2012), ¿cómo se abordó la cuestión de la inmunidad de ejecución y qué conclusiones se derivaron en relación con las excepciones a esta inmunidad?

Capítulo 11: Organizaciones Internacionales y la Organización de las Naciones Unidas

Capítulo 11: Organizaciones Internacionales y la Organización de las Naciones Unidas

En este capítulo, nos enfocaremos en las organizaciones internacionales y su papel en el sistema internacional, con un enfoque particular en la Organización de las Naciones Unidas (ONU). Abordaremos temas como la creación y estructura de las organizaciones internacionales, sus funciones, competencias y responsabilidades, así como los mecanismos de toma de decisiones y resolución de conflictos. También examinaremos cómo la ONU y sus órganos principales, como la Asamblea General y el Consejo de Seguridad, influyen en el desarrollo del derecho internacional y abordan cuestiones globales de paz, seguridad y desarrollo sostenible.

11.1: Opción múltiple:

¿Cuál de las siguientes es una función principal de la Asamblea General de las Naciones Unidas?

a) Adjudicar disputas entre Estados miembros
b) Aplicar sanciones a los Estados miembros
c) Mantener la paz y la seguridad internacionales
d) Discutir y coordinar políticas en asuntos de interés común

11.2: Pregunta abierta:

¿Cómo se compone el sistema de las Naciones Unidas y qué papel desempeña cada uno de sus principales órganos?

11.3: Verdadero o falso:

El Secretario General de la ONU tiene la capacidad de veto en el Consejo de Seguridad.

11.4: Pregunta de opción múltiple:

¿Cuál de las siguientes afirmaciones es correcta sobre el Consejo de Seguridad de la ONU?
a) Todos los miembros del Consejo de Seguridad tienen derecho a veto.

b) El Consejo de Seguridad tiene 20 miembros permanentes.

c) El Consejo de Seguridad puede autorizar el uso de la fuerza para mantener o restaurar la paz y la seguridad internacionales.

d) El Secretario General preside todas las reuniones del Consejo de Seguridad.

11.5. Pregunta abierta:

Explique el concepto de "competencia implícita" en relación con las organizaciones internacionales y proporcione un ejemplo.

11.6. Verdadero o falso:

El Consejo de Seguridad de las Naciones Unidas es el único órgano de la ONU con poder para autorizar el uso de la fuerza en situaciones de amenaza a la paz, ruptura de la paz o acto de agresión.

11.7. Pregunta de emparejamiento:

Empareje los siguientes órganos principales de la ONU con sus funciones correspondientes:
A. Asamblea General
B. Consejo de Seguridad
C. Corte Internacional de Justicia
D. Secretaría

1. Administrar los asuntos cotidianos de la organización
2. Adjudicar disputas legales entre Estados
3. Mantener la paz y la seguridad internacionales
4. Discutir y coordinar políticas en asuntos de interés común

11.8: Opción múltiple:

¿Cuál es la principal diferencia entre la Corte Internacional de Justicia (CIJ) y la Corte Penal Internacional (CPI)?

a) La CIJ está basada en La Haya, mientras que la CPI está en Ginebra.

b) La CIJ se ocupa de casos entre Estados, mientras que la CPI se ocupa de casos individuales que hayan cometido crímenes internacionales.

c) La CIJ es un órgano de la Organización de las Naciones Unidas (ONU), mientras que la CPI es un organismo que responde a la Asamblea General de la ONU.
d) La CIJ juzga asuntos sobre Estados e Individuos mientras que la CPI solo juzga individuos.

11.9: Verdadero o falso:

Una organización internacional (OI) tiene competencia general como un Estado y puede tomar cualquier medida que no esté explícitamente prohibida por su constitución o por el derecho internacional.

11.10: Pregunta de opción múltiple:

¿Cómo puede el Consejo de Seguridad de las Naciones Unidas (CSNU) referir un caso a la Corte Penal Internacional (CPI)?

a) Solo puede referir casos en los que uno de los miembros permanentes del CSNU es parte.
b) Puede referir cualquier caso en el que el estado involucrado consienta a pesar de no ser miembro parte de la CPI.
c) Solo puede referir casos en los que se ha producido un genocidio.
d) Puede referir cualquier situación en la que parezca haberse cometido crímenes que caen dentro de la jurisdicción de la CPI.

11.11: Verdadero o falso:

Las organizaciones internacionales tienen personalidad jurídica internacional.

11.12: Pregunta abierta:

Explique el principio de competencias implícitas en el contexto de las organizaciones internacionales.

11.13: Pregunta abierta:

Explique cómo el Consejo de Seguridad de la ONU puede tomar medidas para mantener o restablecer la paz y la seguridad internacionales. En breves palabras describa el mecanismo de acción.

11.14: Verdadero o falso:

La Carta de las Naciones Unidas establece expresamente la posibilidad de que el Consejo de Seguridad autorice a un Estado a utilizar la fuerza en caso de legítima defensa.

11.15: Pregunta abierta:

El ECOSOC juega un papel vital en la promoción de la cooperación económica y social global, incluyendo el logro de los Objetivos de Desarrollo Sostenible de la ONU. Explique cómo el ECOSOC contribuye a la implementación de estos objetivos y qué mecanismos utiliza para este propósito.

11.16: Pregunta abierta:

Describa el papel de la Corte Internacional de Justicia en el sistema de las Naciones Unidas.

11.17: Análisis de caso:

En 2014, Rusia anexó Crimea, una región de Ucrania. La Asamblea General de la ONU adoptó una resolución que condenaba la anexión y afirmaba la integridad territorial de Ucrania. A pesar de esto, Rusia sigue manteniendo el control de Crimea. ¿Qué medidas puede tomar la ONU para abordar esta situación y qué desafíos enfrenta en la implementación de dichas medidas?

11.18: Pregunta abierta:

¿Cuál es el papel de las organizaciones regionales, como la Unión Europea (UE) y la Organización del Tratado del Atlántico Norte (OTAN), en la promoción y el mantenimiento de la paz y la seguridad internacionales, y cómo interactúan con la ONU en este contexto?

11.19: Verdadero o falso:

La Asamblea General de la ONU tiene la autoridad para emitir resoluciones vinculantes en todos los Estados miembros si el Consejo de Seguridad no está trabajando sobre esa misma cuestión.

11.20: Opción múltiple:

¿Qué órgano de la ONU es responsable de mantener la paz y la seguridad internacionales?
a. La Asamblea General
b. El Consejo de Seguridad
c. El Secretariado
d. La Corte Internacional de Justicia

11.21: Pregunta abierta:

¿Qué es el Consejo de Seguridad de las Naciones Unidas y cuáles son sus principales funciones y responsabilidades?

11.22: Pregunta abierta:

¿Cuál es la principal diferencia entre una organización internacional intergubernamental y una organización internacional no gubernamental?

10.23: Análisis de caso:

En el caso de la "Reparación de los daños sufridos en el servicio de las Naciones Unidas" (1949), la Corte Internacional de Justicia reconoció que las Naciones Unidas tienen personalidad jurídica internacional.

a) ¿Qué implicaciones tuvo este reconocimiento para las Naciones Unidas y otras organizaciones internacionales?
b) ¿Qué condiciones se requieren para que una organización internacional tenga personalidad jurídica internacional según este caso?

Capítulo 12: Responsabilidad Internacional del Estado por Hechos Ilícitos

Capítulo 12: Responsabilidad Internacional del Estado por Hechos Ilícitos

12.1: Opción múltiple:

¿Cuál de las siguientes acciones constituye una reparación adecuada según los Principios de Responsabilidad del Estado?

a) Disculpas formales por el acto ilícito.
b) Compensación monetaria por cualquier daño causado.
c) Restitución, es decir, restablecer la situación a como era antes del acto ilícito.
d) Todas las anteriores.

12.2: Pregunta de respuesta corta:

¿Qué se entiende por "circunstancias que excluyen la ilicitud" en el marco de la responsabilidad internacional del Estado?

12.3: Verdadero o falso:

El principio de responsabilidad del Estado se aplica solo a los actos de los gobiernos y no a los actos de individuos particulares o entidades no gubernamentales.

12.4: Pregunta de análisis:

Analice el concepto de "atribución" en el marco de la responsabilidad internacional del Estado y explique su importancia.

12.5: Opción múltiple:

De acuerdo con los Principios de la Responsabilidad del Estado, ¿qué circunstancias pueden excluir la ilicitud de un acto que normalmente sería considerado como una violación del derecho internacional?

a) Legítima defensa
b) Contramedida
c) Peligro extremo
d) Estado de necesidad

e) Todas las anteriores

12.6: Verdadero o falso:

Un Estado puede evitar la responsabilidad por una violación del derecho internacional si actúa de conformidad con una norma de derecho interno.

12.7: Pregunta de emparejamiento:

Empareje los siguientes tipos de reparación con su descripción:

Restitución
Compensación
Satisfacción

a) Medida que busca reparar cualquier daño causado mediante el pago de una suma de dinero.
b) Medida que busca restablecer la situación que existía antes de que se cometiera el acto ilícito.
c) Medida que busca responder a un daño inmaterial mediante medidas que imponen un deber de conducta específico por parte del responsable.

12.8: Pregunta de respuesta corta:

¿Qué diferencia existe entre un acto ilícito instantáneo, uno continuo y uno compuesto en el marco de la responsabilidad internacional del Estado?

12.9: Pregunta de análisis:

Imagine una situación en la que un Estado realiza un acto que no está prohibido por su derecho interno, pero sí viola una obligación internacional. ¿Cómo se aplicaría el Art. 3 de los Principios de la Responsabilidad del Estado en este caso?

12.10: Pregunta de emparejamiento:

Empareje las siguientes circunstancias excluyendo la ilicitud con sus descripciones:

Legítima defensa (Art. 21)
Fuerza mayor (Art. 23)
Estado de necesidad (Art. 25)

A. Una situación en la que un Estado lleva a cabo un acto que normalmente sería ilícito para proteger un interés esencial contra un peligro grave e inminente.
B. Una situación en la que un Estado actúa en respuesta a una agresión armada.
C. Un evento imprevisible e irresistible que hace que el cumplimiento de una obligación internacional sea física o jurídicamente imposible.

12.11: Pregunta de análisis:

En la sentencia del caso Gabčíkovo-Nagymaros (Hungria c. Eslovaquia, 1997), ¿cómo interpretó la Corte Internacional de Justicia el concepto de "estado de necesidad" y qué conclusiones se pueden extraer en términos de responsabilidad internacional del Estado?

12.12: Pregunta de opción múltiple:

De acuerdo con los Principios de Responsabilidad del Estado, ¿qué circunstancias NO excluyen la ilicitud de un acto internacionalmente ilícito?

a) Consentimiento
b) Legítima defensa
c) Fuerza mayor
d) Represalias

12.13: Pregunta abierta:

¿Cuál es la diferencia entre la "fuerza mayor" y el "estado de necesidad" como circunstancias excluyentes de la ilicitud en el contexto de los Principios de Responsabilidad del Estado?

12.14: Opción múltiple:

¿Cuál de las siguientes condiciones NO es necesaria para que las contramedidas sean legales según los Principios de Responsabilidad del Estado?

a) La contramedida debe ser proporcional a la gravedad de la infracción.
b) La contramedida debe ser llevada a cabo por un Estado directamente afectado.
c) La contramedida debe ser aprobada por un organismo internacional.
d) La contramedida debe ser precedida por una notificación y la oportunidad de solucionar la disputa por medios pacíficos.

12.15: Verdadero o falso:

Un Estado puede tomar contramedidas en nombre de otro Estado, de acuerdo con los Principios de Responsabilidad del Estado.

12.16: Verdadero o falso:

Las circunstancias excluyentes de ilicitud pueden ser invocadas para justificar cualquier acto que viole una norma de *ius cogens*.

12.17: Verdadero o falso:

Las contramedidas pueden incluir cualquier acción, siempre y cuando sean proporcionales al hecho ilícito inicial.

12.18: Opción múltiple:

¿Cuál de los siguientes no es un requisito para que una contramedida sea considerada legal bajo el derecho internacional?

a) La contramedida debe ser proporcional al hecho ilícito.
b) La contramedida debe ser precedida por una notificación y un período de negociación.
c) La contramedida debe resultar en un beneficio material para el estado que la aplica.

d) La contramedida no puede violar las obligaciones fundamentales de derechos humanos o humanitarios.

12.19: Verdadero o falso:

La toma de contramedidas está limitada solo a los estados.

12.20: Opción múltiple:

¿En qué caso la Corte Internacional de Justicia estableció que el uso de la "prueba de control efectivo" puede atribuir la responsabilidad de los actos de los actores no estatales a un Estado?

a) Caso LaGrand
b) Caso de la Barcelona Traction
c) Caso de la Soberanía del Sáhara Occidental
d) Caso de la Actividades Militares y Paramilitares en y contra de Nicaragua

12.21: Verdadero o falso:

Verdadero o falso: Según la jurisprudencia internacional, los actos de individuos privados solo pueden ser atribuidos a un estado si dichos individuos están actuando bajo la dirección, el control o la instigación del estado.

12.22. Pregunta de análisis:

Explique el concepto de "atribución" en el contexto de la responsabilidad internacional del estado. ¿Cómo se determina si un acto puede atribuirse a un estado y cuáles son algunas de las dificultades en la atribución de la responsabilidad estatal por los actos de actores no estatales?

12.23: Pregunta de emparejamiento:

Empareje cada principio con su definición correspondiente:

Principios:

Prueba del "control efectivo"

Prueba del "control general"
Aprobación o aceptación posterior del Estado
Control por coacción

Definiciones:

a. Este principio establece que la responsabilidad del Estado puede atribuirse si los actos se realizan bajo la dirección o control del Estado, aunque se requiere un alto grado de control.

b. Este principio establece que la responsabilidad del Estado puede atribuirse si los actos son realizados por individuos o grupos que el Estado ha forzado a actuar de una manera específica.

c. Este principio establece que la responsabilidad del Estado puede atribuirse si el Estado aprueba o acepta posteriormente un acto realizado por un individuo o grupo privado.

d. Este principio establece que la responsabilidad del Estado puede atribuirse si el Estado tiene un control general o de supervisión sobre un grupo o individuo privado, pero no necesariamente un control directo o detallado de cada uno de sus actos.

12.24: Opción múltiple:

Según la jurisprudencia internacional, ¿qué tipo de control es necesario para que los actos de un actor no estatal sean atribuidos a un Estado?

a) Control absoluto y directo
b) Control efectivo
c) Control de supervisión
d) Ninguno de los anteriores

12.25: Verdadero o falso:

Si un estado proporciona asistencia financiera a un grupo no estatal, automáticamente se le atribuirá la responsabilidad por todas las acciones de ese grupo.

12.26: Pregunta de análisis:

En el Caso Nicaragua v. Estados Unidos ante la Corte Internacional de Justicia, ¿cómo interpretó la corte el concepto de "control efectivo" para determinar la responsabilidad de los Estados Unidos por las acciones de los Contras en Nicaragua?

12.27: Opción múltiple:

¿Cuál de los siguientes no se considera una forma válida de atribuir responsabilidad estatal por las acciones de actores no estatales?

a) Control efectivo sobre las acciones del actor no estatal.
b) Aprobación o aceptación posterior de las acciones del actor no estatal.
c) Un grupo rebelde que luego se convierte en gobierno de un estado
d) Asistir y apoyar un grupo no estatal con armamento y financiación

12.28: Pregunta abierta:

¿Qué es una obligación *erga omnes* en el contexto del derecho internacional?

12.29: Pregunta abierta:

¿Qué puede reclamar un Estado que tiene derecho a invocar la responsabilidad de otro Estado según el Artículo 48 de la Resolución Sobre Responsabilidad Internacional del Estado por Hechos Ilícitos (violación de una obligación *erga omnes*)?

12.30: Pregunta abierta:

¿Qué significa el término "Estado lesionado" en el contexto de la responsabilidad internacional y dice el artículo 48 sobre obligaciones *erga omnes* al respecto?

12.31 Pregunta de opción múltiple (más de una opción puede ser correcta)

¿Qué obligaciones tienen los Estados según el Artículo 41 de la resolución sobre Responsabilidad del Estado cuando se comete una violación grave de una obligación (violaciones de normas de tipo *ius cogens*)?

Según el Artículo 41, los Estados tienen la obligación de:

a) Cooperar para poner fin, por medios lícitos, a toda violación grave.

b) Utilizar el recurso de la fuerza para interrumpir este tipo de obligaciones.

c) No reconocer como lícita una situación creada por una violación grave,

d) Interrumpir las relaciones diplomáticas con el estado que ha violado una norma *ius cogens*.

e) No prestar ayuda o asistencia para mantener esa situación.

Respuestas a Ejercicios

Capítulo 1: Sujetos del Derecho Internacional Público

1.1: a) Territorio, población, gobierno y capacidad para entrar en relaciones con otros Estados.

1.2: Respuesta sugerida: El reconocimiento de Estados se refiere al proceso mediante el cual un Estado existente acepta la existencia de otro Estado como un actor en el ámbito internacional, teniendo en cuenta los elementos constitutivos de un Estado. El reconocimiento de gobiernos, por otro lado, es el proceso mediante el cual un Estado acepta la legitimidad de un gobierno específico para representar a otro Estado. El reconocimiento de gobiernos no implica necesariamente el reconocimiento de un nuevo Estado, sino más bien el reconocimiento de la autoridad de un gobierno en particular dentro de un Estado ya existente.

1.3: Respuesta sugerida: Verdadero. Las organizaciones internacionales son consideradas sujetos secundarios del derecho internacional público, ya que derivan sus derechos y obligaciones de los Estados que las crean y a los cuales pertenecen. A pesar de ser sujetos secundarios, las organizaciones internacionales tienen personalidad jurídica y pueden tener derechos y obligaciones en el ámbito internacional.

1.4: a-iv, b-i, c-iii, d-ii

1.5: Respuesta sugerida: El caso de Kosovo es un ejemplo de cómo la declaración unilateral de independencia puede generar divisiones en la comunidad internacional. Tras la declaración de independencia en 2008, algunos Estados reconocieron a Kosovo como un Estado independiente, mientras que otros no lo hicieron. La opinión consultiva de la Corte Internacional de Justicia (CIJ) en 2010 concluyó que la declaración de independencia no violaba el derecho internacional, pero no abordó la cuestión de si Kosovo debería ser considerado un Estado o no.

Las implicaciones de este caso para el derecho internacional público incluyen la importancia del principio de autodeterminación de los pueblos, así como la necesidad de abordar la cuestión de cuándo una entidad puede ser considerada un Estado en el ámbito internacional. Además, el caso de Kosovo también destaca el papel del reconocimiento en el proceso de establecer la condición de Estado y cómo la política puede influir en estas decisiones.

1.6: A-1, B-2, C-3, D-4

1.7: Falso. Aunque los individuos pueden ser considerados sujetos del derecho internacional público en casos relacionados con crímenes de guerra y crímenes de lesa humanidad, también pueden ser considerados sujetos en otros contextos, como en la protección de los derechos humanos y la responsabilidad individual en derecho internacional penal en otros delitos como genocidio o crimen de agresión.

1.8: Respuesta sugerida: c) Los grupos de liberación nacional pueden ser reconocidos como sujetos del derecho internacional en el contexto de conflictos armados y luchas por la autodeterminación. Estos grupos pueden tener ciertos derechos y responsabilidades bajo el derecho internacional humanitario y otras normas del derecho internacional, pero no tienen personalidad jurídica internacional en la misma medida que los Estados y las organizaciones internacionales.

1.9: d) Conquista.

a) Cesión: Es la transferencia de la soberanía de un territorio de un Estado a otro mediante un tratado. Es uno de los métodos legales y reconocidos para la adquisición de territorio en el derecho internacional.

b) Accesión: Es un proceso natural mediante el cual el territorio de un Estado aumenta debido a factores naturales, como la sedimentación. La accesión es un método reconocido para la adquisición de territorio en el derecho internacional.

c) Avulsión: Similar a la accesión, la avulsión es un proceso natural que puede alterar las fronteras de un Estado. Aunque no es común, se reconoce en el derecho internacional.

d) Conquista: La conquista, o la adquisición de territorio a través de la fuerza militar, no está permitida por el derecho internacional moderno. La Carta de las Naciones Unidas prohíbe expresamente la adquisición de territorio por medio de la guerra. Por lo tanto, la conquista no se considera un método legítimo de adquisición de territorio en el derecho internacional. Su prohibición se considera norma imperativa del derecho internacional.

1.10: Respuesta: Falso.

Explicación: El principio de efectividad, que se refiere al control efectivo de un territorio y su población por parte de un gobierno, es uno de los varios factores que pueden ser considerados en el reconocimiento de gobiernos en el derecho internacional público. Sin embargo, no es el factor determinante.

La legalidad de cómo un gobierno llega al poder y su comportamiento en el poder son aspectos cruciales que se tienen en cuenta para su reconocimiento. Si un gobierno llega al poder a través de medios que se consideran ilegítimos, como un golpe de estado, la comunidad internacional puede optar por no reconocerlo, independientemente de su control efectivo sobre un territorio.

Además, hay situaciones en las que un gobierno legítimo puede perder control efectivo temporalmente, pero aun así mantener su reconocimiento. Esto puede ocurrir, por ejemplo, con los gobiernos en el exilio.

Por lo tanto, mientras que el principio de efectividad juega un papel en el reconocimiento de gobiernos en el derecho internacional público, no es el único factor ni necesariamente el factor determinante.

1.11: Respuesta sugerida: El reconocimiento por parte de otros Estados no es un requisito necesario para la existencia de un Estado en el derecho internacional público. Si el nuevo Estado cumple con los criterios de identificación de un estado (población permanente, territorio definido, gobierno efectivo y capacidad para entablar relaciones internacionales), entonces tiene personalidad jurídica internacional independientemente del reconocimiento por parte de otros Estados. Sin embargo, la falta de reconocimiento puede limitar la capacidad del nuevo Estado para entablar relaciones diplomáticas y participar en acuerdos internacionales con los Estados que no lo han reconocido. En síntesis, el reconocimiento no reviste carácter constitutivo al estado ni efecto jurídico alguno. Tiene un efecto declarativo y político.

1.12: Respuesta sugerida: La soberanía estatal es un principio fundamental del derecho internacional público que establece que cada Estado tiene autoridad completa y exclusiva dentro de sus fronteras territoriales. La soberanía implica el derecho de un Estado a gobernar y controlar su territorio sin interferencia externa. Esto significa que otros Estados deben respetar la independencia y autonomía de un Estado soberano y abstenerse de intervenir en sus asuntos internos.

Sin embargo, la soberanía estatal no es absoluta. Se equilibra con ciertos principios y normas de derecho internacional, como los derechos humanos y las normas de derecho internacional humanitario. Por ejemplo, un Estado no puede invocar la soberanía como justificación para violar los derechos humanos o cometer atrocidades contra su propia población.

1.13: Falso.

Justificación: Aunque las organizaciones no gubernamentales (ONG) desempeñan un papel cada vez más prominente en el ámbito internacional, tradicionalmente no se les considera sujetos de derecho internacional público en el sentido más estricto de la palabra. Esto se debe a que, en general, los sujetos de derecho internacional son entidades que poseen derechos y obligaciones bajo este marco jurídico y que tienen capacidad para actuar en la escena internacional, como los Estados y las organizaciones intergubernamentales.

1.14: Respuesta sugerida: En el derecho internacional público, un Estado es una entidad política que tiene un gobierno soberano sobre un territorio y una población. La nación, por otro lado, se refiere a un grupo de personas que comparten una cultura, historia o idioma común, y no necesariamente tienen un territorio soberano o un gobierno. En este sentido, una nación puede existir sin ser un Estado y un Estado puede incluir a varias naciones.

1.15: B) Debe estar deshabitado y no estar bajo la jurisdicción de ningún estado.

1.16: Respuesta sugerida: *Animus domini* se refiere a la intención de un estado de actuar como dueño de un territorio. En el caso de un territorio sin dueño, el estado debe demostrar esta intención para reclamar el territorio, normalmente a través del ejercicio efectivo de la jurisdicción y control sobre el territorio.

1.17: Verdadero.

1.18: Respuesta sugerida: El "*uti possidetis juris*" es un principio en el derecho internacional que sostiene que los estados emergentes toman las fronteras coloniales existentes al momento de alcanzar la independencia.

1.19: Respuesta sugerida: La teoría permisiva, como se sostuvo en el caso Lotus de la CPJI (1927), sostiene que los Estados tienen una amplia libertad para actuar a menos que una norma de derecho internacional explícitamente prohíba una acción. En este caso, la Corte sostuvo que "las restricciones a la independencia de los Estados no pueden ser presupuestas", implicando que en ausencia de una prohibición específica, un Estado puede actuar libremente.

Esta teoría puede verse como un reconocimiento de la igualdad soberana de los Estados y de la ausencia de una autoridad supranacional que pueda limitar las acciones de los Estados. En ausencia de una norma prohibitiva, los Estados son libres para actuar como consideren necesario para proteger y promover sus intereses.

En el caso del pedido de Arresto de la CIJ (Belgica c. Republica Democratica del Congo, 2002), aunque la Corte subrayó la importancia de las normas de inmunidad basadas en la igualdad soberana de los Estados, no se apartó necesariamente de la teoría permisiva. La Corte reconoció que las normas de inmunidad existen y deben ser respetadas, pero no afirmó que los Estados estén limitados en sus acciones solo a lo que se les permite explícitamente.

Finalmente, en la declaración unilateral de independencia de Kosovo (2010), la CIJ observó que la declaración de independencia no estaba explícitamente prohibida por el derecho internacional. Esto sugiere que a pesar de las críticas y las controversias, la teoría permisiva todavía tiene relevancia en el derecho internacional contemporáneo.

En resumen, la teoría permisiva proporciona una base sólida para comprender el comportamiento de los Estados en el ámbito internacional, al resaltar la primacía de la soberanía del Estado y el papel limitado del derecho internacional como una serie de normas consensuadas y voluntariamente aceptadas por los Estados.

1.20: Respuestas Sugeridas:

Lotus Principle - A
El caso Ile de Palmas - D
Doctrina Estrada - E
Doctrina Tobar - B
Doctrina Stimson - C

1.21: Verdadero. La competencia universal permite a los Estados ejercer su jurisdicción sobre ciertos crímenes de particular gravedad, como genocidio, crímenes de guerra y crímenes contra la humanidad, independientemente de la ubicación del crimen, la nacionalidad del perpetrador o de las víctimas.

Capítulo 2: Fuentes del Derecho Internacional

2.1: a) La costumbre internacional, los tratados generales y particulares y los principios generales del derecho.

2.2: b) La jurisprudencia y la doctrina son consideradas fuentes auxiliares del Derecho Internacional Público.

2.3: Respuesta sugerida: La formación de tratados sigue un proceso que incluye la negociación, firma, ratificación, registro y entrada en vigor.

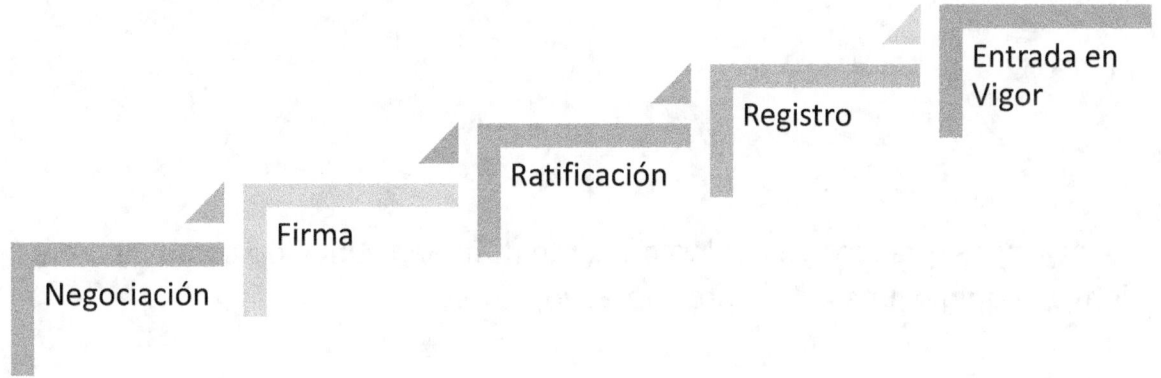

2.4: Falso.

2.5: c) La ratificación por un número específico de Estados participantes, de acuerdo con lo establecido en el tratado. Aquí, la respuesta clave es "lo establecido en el tratado".

2.6 Respuesta sugerida: Una reserva a un tratado es una declaración unilateral hecha por un Estado al momento de firmar, ratificar, aceptar, aprobar o adherirse a un tratado, con el propósito de excluir o modificar el efecto legal de ciertas disposiciones del tratado en su aplicación a ese Estado. Las reservas pueden ser formuladas siempre que no sean incompatibles con el objeto y fin del tratado y que estén permitidas por el tratado mismo.

2.7: Verdadero.

2.8: Respuesta sugerida: La regla general de interpretación de un tratado es que debe interpretarse de buena fe, conforme al sentido corriente que haya de atribuirse a los términos del tratado en el contexto de éstos y teniendo en cuenta su objeto y fin.

2.9 Respuesta sugerida: Se pueden utilizar medios de interpretación complementarios, como los trabajos preparatorios del tratado y las circunstancias de su celebración, para confirmar el sentido resultante de la aplicación del Artículo 31, o para determinar el sentido cuando la interpretación dada de conformidad con el Artículo 31 deja ambiguo u oscuro el sentido, o conduce a un resultado manifiestamente absurdo o irrazonable.

2.10: d) Opiniones de expertos en la materia.

2.11: 1-b, 2-a, 3-c, 4-d.

2.12: Falso.

2.13: c) Ambos, práctica general y constante (también conocido como elemento objetivo) y opinio juris (elemento subjetivo).

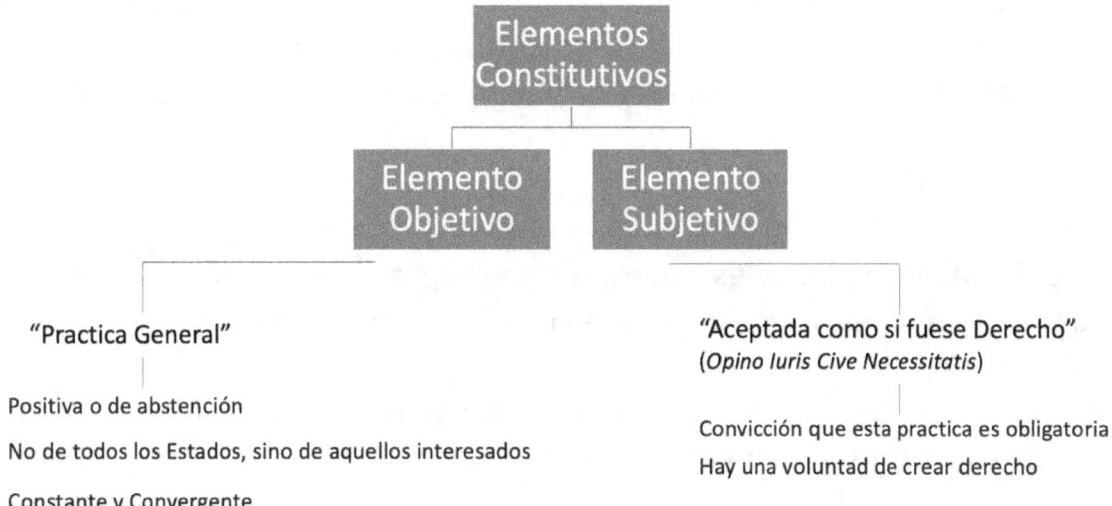

2.14: La opinio juris es la creencia de los Estados de que una práctica es jurídicamente obligatoria, y no simplemente seguida por cortesía, conveniencia o tradición. La opinio juris es esencial en la formación de la costumbre internacional, ya que ayuda a distinguir las prácticas que son jurídicamente vinculantes de aquellas que no lo son.

2.15: Falso. No es del todo correcto afirmar que los principios generales del derecho solo pueden ser aplicados por los tribunales internacionales cuando no hay tratados o costumbre internacional aplicables. Según el artículo 38 del Estatuto de la Corte Internacional de Justicia (CIJ), los principios generales del derecho son una fuente independiente del Derecho Internacional Público y pueden ser utilizados por los tribunales internacionales junto con otras fuentes, como los tratados y la costumbre internacional.

Los principios generales del derecho son aquellos principios que se encuentran en todos los sistemas jurídicos nacionales y se consideran comunes a la mayoría de las naciones. Estos principios pueden ser utilizados para llenar vacíos en el derecho internacional o para proporcionar una base legal en situaciones donde no haya tratados o costumbre internacional aplicables. Sin embargo, también pueden coexistir y complementarse con otras fuentes del derecho internacional.

Por ejemplo, un tribunal internacional podría aplicar un principio general del derecho al interpretar un tratado o al determinar si una práctica específica se ajusta a la costumbre internacional. En resumen, los principios generales del derecho no son una fuente de último recurso en el derecho internacional, sino que pueden ser aplicados en conjunto con otras fuentes para ayudar a los tribunales internacionales a resolver disputas de manera justa y equitativa.

2.16: d) *Ius cogens.*

2.17: b) Los actos unilaterales son expresiones de la voluntad de un Estado que pueden generar consecuencias jurídicas en el ámbito internacional.

2.18: b) Cuando un acto unilateral esté acompañado de una intención clara y manifiesta de crear obligaciones jurídicas.

2.19: d) Cuando el Estado emisor expresa claramente su intención de crear derechos y obligaciones legales en virtud del derecho internacional.

2.20: Falso. Efecto relativo a las partes.

2.21: Respuesta sugerida: Las decisiones judiciales, especialmente las de tribunales internacionales como la Corte Internacional de Justicia, pueden influir en la formación del derecho internacional consuetudinario al identificar y consolidar prácticas generales y consistentes de los Estados, así como la *opinio juris*. Además, las decisiones judiciales pueden contribuir al desarrollo progresivo del derecho internacional consuetudinario al interpretar y aplicar normas existentes en nuevos contextos y situaciones.

2.22: d) Universalidad.

2.23: Verdadero.

2.24: El *ius cogens* son normas imperativas del derecho internacional generalmente reconocidas, que no pueden ser derogadas por tratados o costumbre internacional. Estas normas tienen un estatus superior dentro del sistema de fuentes del derecho internacional, y cualquier tratado o norma consuetudinaria que entre en conflicto con una norma de *ius cogens* se considera nulo y sin efecto.

2.25: La *soft law* se refiere a instrumentos y normas que no tienen un carácter jurídicamente vinculante, pero que pueden tener un impacto significativo en la conducta de los Estados y en el desarrollo del derecho internacional. Aunque la *soft law* no forma parte directamente de las fuentes del derecho internacional, puede influir en la formación y evolución de tratados, costumbre internacional y principios generales del derecho, así como proporcionar orientación en la interpretación y aplicación de normas jurídicas vinculantes.

2.26: d) Tratados internacionales ratificados por los Estados partes.

2.27: Verdadero.

2.28: 1-b, 2-d, 3-a, 4-c.

2.29: Respuesta sugerida: Las resoluciones de la Asamblea General de las Naciones Unidas pueden contribuir a la formación de costumbre internacional al expresar y consolidar la opinio juris de los Estados y al reflejar o estimular la práctica general y consistente de los Estados en relación con ciertos temas del derecho internacional.

2.30: c) La buena fe en la interpretación y aplicación de tratados.

2.31: Verdadero.

2.32: Respuesta sugerida: Falso. Las normas *ius cogens* son normas imperativas de Derecho Internacional, reconocidas y aceptadas por la comunidad internacional como normas que no admiten acuerdo en contrario. Las normas *erga omnes*, por otro lado, son normas que establecen obligaciones hacia la comunidad internacional en su conjunto, pero no necesariamente tienen el mismo carácter imperativo que las normas *ius cogens*.

2.33:
a) Normas *ius cogens*
a) Normas *ius cogens*
b) Normas *erga omnes*
b) Normas *erga omnes*

2.34: d) El artículo 38 no establece un orden de prelación específico entre las fuentes citadas. No obstante podríamos identificar el siguiente orden de prelación tomando en consideración otro tipo de normas o fuentes.

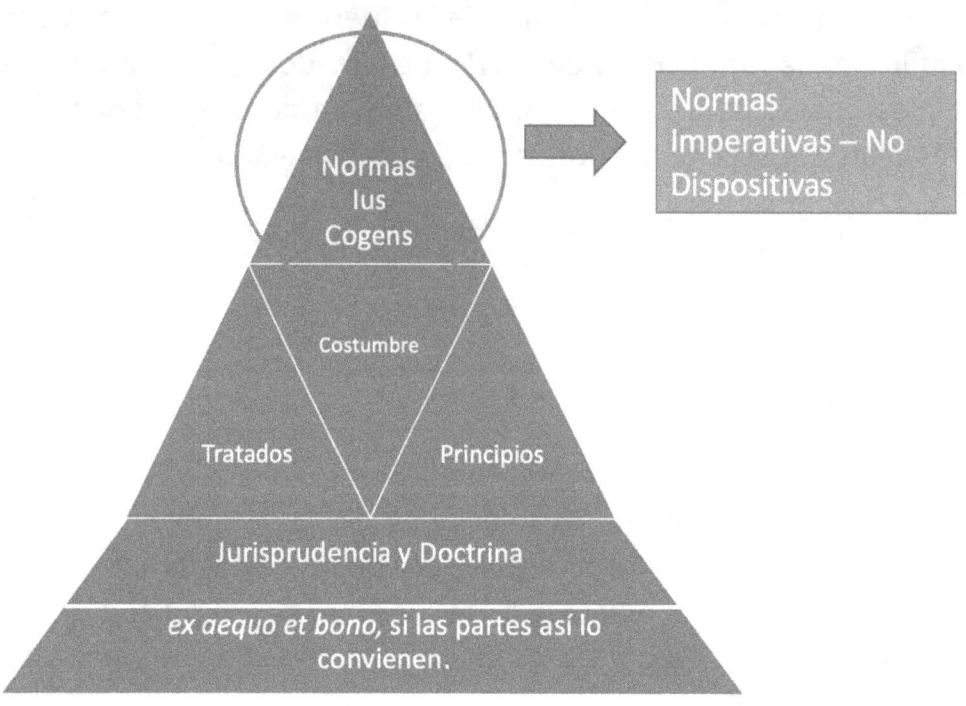

2.35: b) La norma de *ius cogens*.

2.36: c) Prevalece la norma posterior presumiendo que las partes han consentido en apartarse de la norma de costumbre internacional.

2.37: a) Las obligaciones bajo la Carta de la ONU prevalecen.

2.38: b) Un tratado posterior que contradice las disposiciones del tratado anterior.

2.39: Respuesta sugerida: Según el Estatuto de la Corte Internacional de Justicia, la principal fuente de derecho internacional son los tratados y la costumbre internacional. Sin embargo, no hay una jerarquía formalmente establecida entre estas dos fuentes. Se entiende que las normas de *ius cogens* tienen prelación por encima de todas las demás. Los principios generales de derecho reconocidos por las naciones civilizadas, las decisiones judiciales y la doctrina de los juristas más calificados son fuentes auxiliares y se considera que tienen un rango inferior a los tratados y la costumbre.

2.40: Verdadero. Según este principio, un tratado más reciente prevalece sobre uno anterior en caso de conflicto entre ambos. Sin embargo, esto está sujeto a la condición de que el tratado posterior no viole ninguna norma de *ius cogens*.

2.41: a-2, b-1, c-3.

2.42: Respuesta sugerida: En este caso, la CIJ analizó el elemento subjetivo de la costumbre internacional, conocido como *opinio juris*. El caso de la Plataforma Continental del Mar del Norte (República Federal de Alemania c. Dinamarca; República Federal de Alemania c. Países Bajos) es un caso emblemático que fue juzgado por la Corte Internacional de Justicia (CIJ) en 1969. En este caso, la CIJ tuvo que analizar varios aspectos del derecho internacional consuetudinario, pero el aspecto más significativo que se analizó fue el principio de la delimitación de la plataforma continental entre Estados con costas adyacentes o enfrentadas.

La cuestión central en el caso era cómo se debería delimitar la plataforma continental entre los Estados. La República Federal de Alemania argumentaba que la delimitación debería basarse en el principio de equidistancia, mientras que Dinamarca y los Países Bajos argumentaban que la delimitación debería basarse en principios de equidad.

La CIJ concluyó que, aunque la equidistancia había sido utilizada en la práctica estatal y en algunos tratados bilaterales, no se había convertido en una regla de derecho internacional consuetudinario que los Estados estuvieran obligados a seguir. En cambio, la Corte sostuvo que la delimitación de la plataforma continental debe lograr un "resultado equitativo". La Corte no proporcionó una fórmula específica para lograr este resultado, pero indicó que podría tener en cuenta factores como la geografía, la proporcionalidad de las costas, y la conducta de los Estados.

Este caso ha sido muy influyente en el desarrollo del derecho del mar y en la práctica de la delimitación de la plataforma continental y otras áreas marítimas. Las conclusiones de la Corte en este caso se reflejaron posteriormente en la Convención de las Naciones Unidas sobre el Derecho del Mar de 1982.

2.43: a) Que un Estado que se opone constantemente a una nueva norma consuetudinaria durante su formación no está obligado por ella.

Capítulo 3: Tratados Internacionales

3.1: Respuesta sugerida: Los plenipotenciarios son representantes designados por los Estados u organizaciones internacionales con plenos poderes para negociar, firmar o ratificar tratados en nombre de sus respectivos gobiernos. Desempeñan un papel fundamental en la negociación y adopción de tratados al abordar y resolver cuestiones técnicas y políticas, y al representar los intereses y objetivos de sus Estados u organizaciones.

3.2: c) Negociación.

3.3: Respuesta sugerida: La firma de un tratado es un acto mediante el cual un Estado u organización internacional indica su intención preliminar de cumplir con el tratado y generalmente también implica un compromiso de no socavar el objeto y propósito del tratado. La ratificación, en cambio, es un acto formal mediante el cual un Estado u organización internacional expresa su consentimiento en estar vinculado por el tratado, después de haber cumplido con sus requisitos internos necesarios (por ejemplo, la aprobación parlamentaria).

3.4: Verdadero. Al igual que la ratificación, la adhesión expresa el consentimiento del Estado para obligarse por el tratado y asumir las obligaciones jurídicas que conlleva.

3.5: b) Después de la ratificación por un número específico de Estados, según lo estipulado en el tratado.

3.6: Respuesta sugerida: La Convención de Viena sobre el Derecho de los Tratados (CVDT) es un tratado internacional que establece las normas y principios fundamentales para la creación, interpretación, aplicación, modificación, terminación y suspensión de tratados. La CVDT, adoptada en 1969 y en vigor desde 1980, es considerada la principal fuente de derecho de los tratados y es ampliamente aceptada como una codificación de las normas de derecho internacional consuetudinario aplicables a los tratados entre Estados. Su importancia radica en proporcionar un marco jurídico común y coherente para la interpretación y aplicación de tratados internacionales, así como para la solución de controversias relacionadas con tratados.

3.7: Verdadero.

3.8: b) Los Estados pueden invocar su derecho interno para justificar el incumplimiento de un tratado.

3.9: Respuesta sugerida: Algunas causas legítimas para la terminación o suspensión de un tratado, según la Convención de Viena sobre el Derecho de los Tratados, incluyen el consentimiento mutuo de las partes, la expiración del plazo del tratado, el cumplimiento del objeto y propósito del tratado, la imposibilidad material de cumplimiento, la aparición de circunstancias fundamentales que alteran la base esencial del tratado (cláusula *rebus sic stantibus*), la violación grave o material del tratado por una parte, y la denuncia o retirada de conformidad con las disposiciones del tratado.

3.10: a) Publicar y registrar todos los tratados y acuerdos internacionales ante la Secretaría de las Naciones Unidas.

3.11: b) El tratado o acuerdo no podrá ser invocado ante un órgano de las Naciones Unidas.

3.12: Falso.

3.13: Respuesta sugerida: El desarrollo y prueba de un nuevo tipo de arma nuclear por parte del Estado A podrían constituir una violación grave o material del tratado de desarme nuclear, lo que podría dar lugar a la terminación o suspensión del tratado por parte del Estado B y posiblemente también a la responsabilidad internacional del Estado A por el hecho ilícito.

3.14: Respuesta sugerida: La cláusula de la nación más favorecida es una disposición común en tratados comerciales y de inversión, que estipula que un Estado parte debe otorgar a otro Estado parte el mismo trato más favorable que otorga a cualquier otro Estado en términos de comercio o inversión. Esto promueve la igualdad de trato y la no discriminación entre los Estados partes en sus relaciones económicas.

3.15: Falso.

3.16: d) Un tratado de extradición entre dos Estados.

3.17: Respuesta sugerida: Una reserva es una declaración unilateral hecha por un Estado al firmar, ratificar, aceptar, aprobar o adherirse a un tratado, mediante la cual el Estado modifica o excluye la aplicación de ciertas disposiciones no esenciales del tratado en sus relaciones con otros Estados partes. El propósito de una reserva es permitir que un Estado se adhiera a un tratado sin aceptar la totalidad de sus disposiciones, lo que puede facilitar la participación de un mayor número de Estados en tratados multilaterales.

3.18: Verdadero.

3.19: a) Establecer principios generales y objetivos que se desarrollarán y aplicarán mediante tratados o instrumentos jurídicos adicionales.

3.20: Respuesta sugerida: Los tratados constitutivos son tratados que establecen y regulan el funcionamiento de las organizaciones internacionales, definiendo sus objetivos, principios, estructuras, procedimientos y competencias. Estos tratados son fundamentales para la existencia y el funcionamiento de las organizaciones internacionales y proporcionan un marco jurídico para sus actividades y relaciones con los Estados miembros y otros actores internacionales.

3.21: b) *Rebus sic stantibus*

3.22: a) La desaparición del objeto del tratado y c) La expiración del período de tiempo establecido en el tratado.

3.23: Respuesta: Falso.

3.24: c) Interpretación según las intenciones subjetivas de las partes.

3.25: b) Solo cuando la violación es grave y afecta significativamente el objeto y el propósito del tratado.

3.26: b) El cambio de circunstancias debe haber sido imprevisible y alterar radicalmente el equilibrio de las obligaciones entre las partes.

3.27: c) El incumplimiento grave de una disposición esencial del tratado por una de las partes puede justificar la terminación del tratado por la otra parte.

3.28: b) La violación de una norma de *ius cogens* en el momento de la celebración del tratado.

3.29: d) Artículo 52

3.30: b) Las partes están eximidas de cumplir con las obligaciones del tratado desde el momento en que se declara la nulidad.

3.31: c) Cualquier parte del tratado, independientemente de si ha sido directamente afectada por la situación que da lugar a la nulidad.

3.32: a) Cuando las disposiciones no afectadas por la nulidad pueden seguir en vigor y aplicarse independientemente de las disposiciones nulas.

3.33: b) La reserva no debe ser incompatible con el objeto y propósito del tratado y debe estar permitida por el tratado.

3.34: Respuesta sugerida: La Convención de Viena sobre el Derecho de los Tratados de 1969, que regula la celebración, aplicación y terminación de tratados entre Estados, establece las siguientes causas de nulidad de un tratado internacional:

1. Incompetencia del signatario: Según el artículo 46, si un Estado ha violado su derecho interno al celebrar un tratado, esto no puede ser invocado como causal de nulidad a menos que la violación sea manifiesta y se refiera a una norma de importancia fundamental.

2. Violación de una norma de *ius cogens*: Según el artículo 53, un tratado es nulo si, en el momento de su celebración, entra en conflicto con una norma imperativa de derecho internacional general (*ius cogens*).

3. Error: Un Estado puede alegar un error en un tratado como causa de su nulidad si el error se refiere a un hecho o situación que fue una base esencial de su consentimiento para estar vinculado por el tratado, según el artículo 48.

4. Dolo: El artículo 49 permite a un Estado alegar fraude como causa para invalidar su consentimiento para estar vinculado por un tratado.

5. Corrupción: Según el artículo 50, la corrupción de un representante del Estado por un agente de otro Estado puede ser invocada como causa para invalidar el consentimiento del Estado para estar vinculado por un tratado.

6. Coacción de un representante de un Estado: Según el artículo 51, la coacción del representante de un Estado a través de actos o amenazas dirigidas contra él puede ser invocada como causa para invalidar el consentimiento de un Estado para estar vinculado por un tratado.

7. Coacción de un Estado por la amenaza o el uso de la fuerza: De acuerdo con el artículo 52, un tratado es nulo si su celebración se ha logrado mediante la amenaza o el uso de la fuerza en violación de los principios de derecho internacional incorporados en la Carta de las Naciones Unidas.

3.35: Respuesta sugerida: La Convención de Viena sobre el Derecho de los Tratados de 1969 establece varias causales para la terminación de un tratado o la suspensión de su aplicación:

1. Expiración del tratado: Muchos tratados tienen un plazo establecido y expiran automáticamente cuando ese plazo termina (Artículo 56).

2. Cumplimiento del tratado: Un tratado puede ser terminado cuando todas las partes han cumplido las obligaciones que se estipulan en el tratado (Artículo 62).

3. Acuerdo mutuo: Los Estados partes pueden acordar terminar un tratado en cualquier momento. Esto generalmente requiere el consentimiento de todas las partes, a menos que el tratado estipule lo contrario (Artículo 54).

4. Denuncia o retiro: Algunos tratados incluyen cláusulas que permiten a un Estado denunciar el tratado o retirarse de él. Los procedimientos y condiciones

para la denuncia o retiro generalmente están especificados en el tratado mismo (Artículo 56).

5. Violación material: Un Estado puede suspender la aplicación de un tratado o terminarlo si otro Estado ha violado materialmente el tratado (Artículo 60). Una violación es material si: (a) consiste en el incumplimiento de una disposición esencial para la consecución del objeto o fin del tratado; o (b) afecta radicalmente el cumplimiento del tratado.

6. Cambios fundamentales en las circunstancias: Un Estado puede terminar un tratado o suspender su aplicación si ha habido un cambio fundamental en las circunstancias que existían al momento de la celebración del tratado y si esas circunstancias constituyeron una base esencial del consentimiento de las partes para estar vinculadas por el tratado (Artículo 62). Esta causal es conocida como "*rebus sic stantibus*", pero se aplica en muy contadas ocasiones debido a que puede ser utilizada como excusa para eludir obligaciones internacionales.

7. Emergencia de una norma de *ius cogens*: Un tratado es terminado si surge una nueva norma de derecho internacional general (*ius cogens*) que entra en conflicto con el tratado (Artículo 64).

Además, la Convención de Viena también establece procedimientos para la terminación de tratados o la suspensión de su aplicación, así como los efectos de la terminación o suspensión (Artículos 65 a 72).

3.36: Respuesta: d) El tratado puede ser terminado o suspendido solo en relación con la parte infractora.

3.37: Verdadero. Según la Convención de Viena, la terminación de un tratado libera a las partes de la obligación de continuar cumpliendo el tratado en el futuro, pero no afecta a ningún derecho, obligación o situación jurídica de las partes creados a través de la ejecución del tratado antes de su terminación (Artículo 70).

3.38: En este caso, la CIJ examinó si las violaciones repetidas de una norma consuetudinaria por parte de un Estado podían llevar a la supervivencia de dicha norma. La Corte concluyó que las violaciones repetidas de una costumbre pueden llevar a la creación de una nueva costumbre que derogue la anterior si reúne los elementos necesarios. No obstante la Corte también destacó que las justificaciones para incumplir una norma consuetudinaria, refuerza la idea de la existencia de esa regla.

Capítulo 4: La costumbre internacional

4.1: Respuesta sugerida: Los dos elementos esenciales de la costumbre internacional son el "usus" (práctica general) y la "opinio juris" (convicción de que la práctica es obligatoria por derecho).
4.2: Verdadero.

4.3: d) Tratados bilaterales.

4.4: Respuesta sugerida: Las decisiones de los tribunales internacionales son importantes porque pueden ayudar a identificar, interpretar y aplicar la costumbre internacional en casos concretos. Además, estas decisiones pueden contribuir al desarrollo y evolución de la costumbre internacional al abordar y resolver cuestiones jurídicas controvertidas o inciertas.

4.5: Falso.

4.6: Respuesta sugerida: Una costumbre internacional puede modificarse o extinguirse a través de la evolución de nuevas prácticas y opinio juris contrarias a la costumbre existente, o mediante la adopción de tratados que establezcan nuevas normas que reemplacen o modifiquen las normas consuetudinarias.

4.7: Respuesta sugerida: Para establecer la existencia de una costumbre internacional, se requiere la presencia de dos elementos: la práctica general y constante (usos) y la *opinio juris* (convicción de que dicha práctica es jurídicamente obligatoria). Aunque parece haber una práctica general y constante de notificar previamente al país C sobre las maniobras militares, sería necesario demostrar que los países A y B consideraban esta práctica como jurídicamente obligatoria (*opinio juris*). Si se puede demostrar la existencia de *opinio juris*, el país C podría argumentar que la costumbre internacional se ha establecido y que el país A violó esta costumbre al no notificar sobre sus maniobras militares. Si no se puede establecer la *opinio juris*, el país A podría no estar obligado a notificar al país C en esta situación.

4.8: Respuesta sugerida: La costumbre internacional general es aquella que es aceptada y reconocida por la comunidad internacional en su conjunto y es obligatoria para todos los Estados. Por otro lado, la costumbre regional o local se aplica solo a un grupo específico de Estados dentro de una región geográfica o cultural particular y no es vinculante para Estados fuera de esa región.

4.9: Respuesta sugerida: A nivel regional, el asilo diplomático es especialmente reconocido en América Latina, donde tiene una larga tradición y se ha consolidado como una práctica aceptada entre los Estados de la región. La Convención de La Habana sobre Asilo Diplomático de 1928 y la Convención de Caracas sobre Asilo Diplomático de 1954 son ejemplos de instrumentos regionales que regulan el asilo diplomático en América Latina. En este sentido, el asilo diplomático puede considerarse una costumbre regional en América Latina.

A nivel internacional, el asilo diplomático no ha sido aceptado de manera tan generalizada como en América Latina. Aunque algunos Estados fuera de América Latina han otorgado asilo diplomático en casos particulares, no existe una práctica general y uniforme que respalde la existencia de una norma consuetudinaria de asilo diplomático a nivel global. Además, no hay consenso entre los Estados sobre la base jurídica y las condiciones específicas para otorgar asilo diplomático en el ámbito internacional. Por lo tanto, aunque el asilo diplomático pueda tener cierto reconocimiento en el ámbito internacional, no puede considerarse una costumbre internacional en el sentido estricto.

En resumen, el asilo diplomático puede considerarse una costumbre regional en América Latina, pero no ha alcanzado el mismo grado de aceptación y reconocimiento como una costumbre internacional a nivel global.

4.10: Falso.

4.11: Respuesta sugerida: Para identificar la *opinio juris*, un Estado puede examinar una serie de indicadores, como declaraciones oficiales y documentos de política de otros Estados, resoluciones y decisiones de organizaciones internacionales, y la práctica y conducta general de los Estados en situaciones similares. También puede ser útil examinar la jurisprudencia de tribunales internacionales y nacionales y los escritos de expertos en derecho internacional público. La *opinio juris* puede manifestarse de manera explícita o implícita y debe distinguirse de las prácticas basadas en la cortesía, la conveniencia o la política interna.

4.12: c) Establecimiento de un gobierno antidemocrático.

La opción c) "Establecimiento de un gobierno antidemocrático" no está prohibida por una norma de *ius cogens*. Las normas de *ius cogens* son normas imperativas del derecho internacional público que no admiten derogación y vinculan a todos los Estados. Estas normas se consideran fundamentales para la protección de intereses básicos de la comunidad internacional.

Las opciones a) Genocidio, b) Esclavitud y d) Tortura son ejemplos de actos prohibidos por normas de *ius cogens*, ya que representan violaciones graves a los derechos humanos y al derecho internacional humanitario, y son consideradas inaceptables por la comunidad internacional.

En contraste, el establecimiento de un gobierno antidemocrático, aunque no es deseable desde la perspectiva de los valores democráticos, no está prohibido por una norma de *ius cogens*. Cabe mencionar que el principio de no intervención en los asuntos internos de los Estados y el principio de autodeterminación de los pueblos son normas del derecho internacional público que permiten a los Estados decidir sobre su propio sistema de gobierno. A pesar de que la promoción de la democracia y el respeto a los derechos humanos son objetivos importantes en el ámbito internacional, la imposición de un tipo específico de gobierno no está consagrada en una norma de *ius cogens*.

4.13: Respuesta sugerida: La noción de la costumbre internacional se refiere a la idea de que ciertas prácticas y normas son aceptadas y reconocidas como obligatorias en el ámbito del derecho internacional. El fundamento de la costumbre internacional radica en la necesidad de regular las relaciones entre los Estados y en el consentimiento tácito de los Estados a seguir ciertas prácticas y normas como parte de sus relaciones internacionales.

4.14: Falso.

4.15: Respuesta sugerida: Los "Estados particularmente interesados" son aquellos Estados que, debido a su posición geográfica, histórica, política o económica, tienen un interés especial o mayor en un tema o una norma de derecho internacional en particular. La práctica y *opinio juris* de estos Estados pueden ser especialmente relevantes para determinar la existencia y contenido de una costumbre internacional en ciertas circunstancias.

4.16: a) La delimitación de las fronteras marítimas.

4.17: Respuesta sugerida: Un "objetor persistente" es un Estado que se opone de manera consistente y continua a una práctica emergente o una norma de derecho internacional durante su proceso de formación. Si un Estado puede demostrar que ha sido un objetor persistente, no está obligado por esa norma consuetudinaria en particular, ya que no ha consentido tácitamente su aplicabilidad.

4.18: Verdadero, pero solo si las violaciones son generalizadas y representan un cambio en la práctica y *opinio juris* de los Estados.

4.19: Respuesta sugerida: La *opinio juris* es un elemento clave en la formación de una costumbre internacional, ya que refleja la creencia de los Estados de que están obligados a seguir una práctica en virtud del derecho internacional. Sin *opinio juris*, una práctica general y constante por sí sola no es suficiente para establecer una norma consuetudinaria.

4.20: Respuesta sugerida: En este caso, la Corte Internacional de Justicia (CIJ) sostuvo que las violaciones de la norma consuetudinaria por parte de un Estado (en este caso, Estados Unidos) no invalidan ni extinguen la norma en sí. La CIJ afirmó que, aunque las acciones de Estados Unidos violaron la norma consuetudinaria que prohíbe el uso de la fuerza en las relaciones internacionales, estas violaciones no afectaron la existencia o la validez de la norma. Esto demuestra que las violaciones repetidas de una costumbre internacional no necesariamente llevan a su extinción, especialmente si la mayoría de los Estados continúa respetando y defendiendo la norma en cuestión. De hecho, en este caso, la CIJ alegó que las justificaciones de los EE.UU para contradecir la costumbre no hizo más que reforzar la existencia de la misma.

4.21: Respuesta sugerida: Los Estados nuevos, al ingresar en la comunidad internacional, están vinculados por las normas consuetudinarias existentes, ya que se considera que han aceptado tácitamente estas normas al asumir su condición de Estado.

4.22: b) La práctica diplomática de varios Estados y d) La promulgación de una resolución no vinculante en una organización internacional.

4.23: Falso. Aunque la práctica general y constante es un elemento importante, también es necesario que los Estados consideren que la norma es imperativa y no derogable, es decir, que exista una *opinio juris* que la eleve al estatus de *ius cogens*.

4.24: Respuesta sugerida: Un Estado puede demostrar su estatus como objetor persistente al expresar de manera clara, pública y consistente su oposición a la práctica o norma en cuestión durante su proceso de formación. Esto puede incluir protestas diplomáticas, declaraciones públicas, votos en contra en organizaciones internacionales y otras acciones que muestren su rechazo a la norma.

4.25: Respuesta sugerida: En este caso, la CIJ analizó la *opinio juris* para determinar si existía una norma consuetudinaria respecto a la delimitación de las fronteras marítimas y la plataforma continental. La Corte concluyó que, aunque había cierta práctica estatal en la delimitación de las fronteras marítimas, no había suficiente *opinio juris* para establecer una norma consuetudinaria obligatoria. La Corte destacó la importancia de la *opinio juris* en la formación de una costumbre internacional y enfatizó que la práctica estatal por sí sola no es suficiente para crear una norma consuetudinaria.

4.26: Respuesta sugerida: Para establecer la existencia de una costumbre internacional, se requiere la presencia de dos elementos: la práctica general y constante (usos) y la *opinio juris* (convicción de que dicha práctica es jurídicamente obligatoria). Aunque los países A, B y C han permitido el tránsito inofensivo de buques militares a través de sus estrechos marítimos, sería necesario demostrar que esta práctica es general y constante en el ámbito internacional y que los Estados que la aplican lo hacen con *opinio juris*. Si se puede demostrar la existencia de estos elementos, podría argumentarse que el país D está violando una costumbre internacional al denegar el tránsito inofensivo a buques militares extranjeros. Sin embargo, si no se puede establecer la *opinio juris* o una práctica general y constante a nivel internacional, la posición del país D podría considerarse como un comportamiento autónomo que no viola el derecho internacional. Eventualmente la costumbre podrá ser solo considerada para efectos de A, B, y C.

4.27: Verdadero. Las costumbres regionales pueden evolucionar hacia normas consuetudinarias internacionales si se generalizan y son adoptadas por una mayoría de Estados, junto con una *opinio juris* que las considere obligatorias en el ámbito del derecho internacional.

4.28: Respuesta sugerida: Un Estado puede buscar modificar una norma consuetudinaria existente a través de su propia práctica y *opinio juris*, en conjunto con otros Estados que compartan la misma posición. Si un número suficiente de Estados adopta una nueva práctica y la considera obligatoria bajo el derecho internacional, la norma consuetudinaria puede evolucionar o ser reemplazada por una nueva norma.

4.29: La opción d) representa una violación de la costumbre internacional porque la norma consuetudinaria de no intervención en asuntos internos de otro Estado es un principio bien establecido del derecho internacional público. Esta norma prohíbe a los Estados interferir en los asuntos internos de otros Estados, incluida la realización de acciones militares sin el consentimiento del Estado afectado o sin la autorización del Consejo de Seguridad de las Naciones Unidas en casos de amenaza a la paz, ruptura de la paz o acto de agresión.

Las otras opciones no necesariamente implican una violación de la costumbre internacional:

a) La emisión de una declaración unilateral en contra de una práctica emergente no constituye automáticamente una violación de la costumbre internacional. Los Estados tienen el derecho de expresar su opinión y oposición a ciertas prácticas, y estas declaraciones pueden ser relevantes para determinar la *opinio juris* de un Estado en relación con una práctica específica.

b) La firma de un tratado bilateral que no cumple con una norma consuetudinaria no necesariamente implica una violación de la costumbre internacional. Los tratados pueden desviarse de las normas consuetudinarias, siempre que las partes en el tratado no estén violando normas *ius cogens* (normas imperativas del derecho internacional) o las obligaciones *erga omnes* (obligaciones que vinculan a todos los Estados).

c) La adopción de una resolución no vinculante en una organización internacional que contradice una norma consuetudinaria no implica necesariamente una violación de la costumbre internacional. Las resoluciones no vinculantes generalmente no tienen fuerza legal obligatoria y, por lo tanto, no pueden violar directamente la costumbre internacional. Sin embargo, si una resolución no vinculante lleva a los Estados a adoptar acciones que violan la costumbre internacional, podría considerarse una violación indirecta

4.30: Respuesta sugerida: La práctica de los Estados es crucial para la evolución de las normas consuetudinarias en el derecho internacional, ya que refleja cómo los Estados interpretan y aplican las normas existentes y cómo se adaptan a nuevas situaciones y desafíos. A medida que la práctica de los Estados cambia y evoluciona, también lo hacen las normas consuetudinarias, lo que permite que el derecho internacional se desarrolle y se adapte a las necesidades y realidades cambiantes de la comunidad internacional.

4.31: Respuesta sugerida: Las resoluciones de organizaciones internacionales, como la Asamblea General de las Naciones Unidas, pueden ser útiles para identificar la *opinio juris* de los Estados en una práctica específica, ya que reflejan las opiniones y posiciones de los Estados miembros sobre diversos temas del derecho internacional público. Estas resoluciones pueden expresar el consenso o la posición mayoritaria de los Estados en relación con ciertas normas o prácticas y, por lo tanto, pueden proporcionar evidencia de la *opinio juris*. Sin embargo, es importante tener en cuenta que no todas las resoluciones de organizaciones internacionales reflejan necesariamente la *opinio juris* y es necesario analizar cada caso de manera individual.

Capítulo 5: Algunos Principios del Derecho Internacional: El Principio de No Intervención en Asuntos Internos y Autodeterminación de los Pueblos

5.1: Verdadero. El principio de no intervención en asuntos internos es una norma fundamental del derecho internacional que establece que ningún Estado tiene derecho a intervenir, directa o indirectamente, en los asuntos internos de otro Estado. La Asamblea General de las Naciones Unidas aborda el principio de no intervención en asuntos internos por ejemplo a través de la Resolución 2625

(XXV) de 1970, también conocida como la "Declaración sobre los principios de derecho internacional referentes a las relaciones de amistad y a la cooperación entre los Estados de conformidad con la Carta de las Naciones Unidas".

La Declaración establece, en su principio 5, que "ningún Estado o grupo de Estados tiene derecho de intervenir, directa o indirectamente, y sea cual fuere el motivo, en los asuntos internos o externos de cualquier otro Estado". La Declaración también hace hincapié en que los Estados deben respetar la soberanía de otros Estados y abstenerse de cualquier acción que viole los principios de la Carta de las Naciones Unidas y las normas del derecho internacional.

La Declaración aborda varios aspectos de la no intervención, incluida la prohibición de la coerción, la no utilización de la fuerza en las relaciones internacionales y la promoción de la solución pacífica de controversias. En resumen, la Resolución 2625 (XXV) y la Declaración que contiene reafirman y desarrollan el principio de no intervención en asuntos internos como una norma fundamental del derecho internacional que rige las relaciones entre Estados.

5.2: Respuesta sugerida: El principio de autodeterminación de los pueblos se basa en la idea de que todos los pueblos tienen el derecho de decidir libremente su destino político, económico, social y cultural, sin interferencias externas. Este principio está consagrado en la Carta de las Naciones Unidas y en otros instrumentos internacionales, como el Pacto Internacional de Derechos Civiles y Políticos y el Pacto Internacional de Derechos Económicos, Sociales y Culturales. Además existen múltiples resoluciones aprobadas por la Asamblea General de las Naciones Unidas que desarrollan el alcance de este principio.

5.3: b) Intervenir militarmente en otro Estado para proteger a sus ciudadanos.

5.4: Respuesta sugerida: La CIJ consideró que el principio de no intervención es una norma consuetudinaria del derecho internacional y que prohíbe a los Estados interferir en los asuntos internos de otros Estados, especialmente en lo que respecta al uso de la fuerza. La Corte sostuvo que la intervención en asuntos internos de otro Estado, incluida la financiación y el apoyo a fuerzas paramilitares, viola este principio.

En su sentencia, la CIJ declaró que Estados Unidos había violado el principio de no intervención al apoyar a fuerzas paramilitares (los "Contras") que operaban en y desde territorio nicaragüense. La Corte sostuvo que estas acciones representaban una injerencia en los asuntos internos de Nicaragua y que no podían justificarse ni como legítima defensa ni como una medida autorizada por el Consejo de Seguridad de las Naciones Unidas.

Como resultado, la CIJ ordenó a Estados Unidos que cesara todas las actividades militares y paramilitares en y contra Nicaragua, incluido el apoyo a las fuerzas paramilitares, y que pagara reparaciones a Nicaragua por los daños causados.

En resumen, en el caso de las actividades militares y paramilitares en y contra Nicaragua, la CIJ abordó el principio de no intervención en asuntos internos al examinar las acciones de Estados Unidos y concluir que violaban esta norma fundamental del derecho internacional. La Corte destacó la importancia de este principio en la preservación de la soberanía y la integridad territorial de los Estados y en la promoción de la paz y la seguridad internacionales.

5.5: Respuesta sugerida: El principio de autodeterminación de los pueblos está estrechamente relacionado con el derecho a la independencia, ya que ambos derechos están fundamentados en la idea de que los pueblos tienen el derecho de decidir libremente su destino político. Sin embargo, el derecho a la independencia se enfoca específicamente en el derecho de los pueblos colonizados o sometidos a ocupación extranjera a luchar por su independencia y establecer un Estado soberano, mientras que el principio de autodeterminación es más amplio y abarca el derecho de todos los pueblos a decidir sobre su futuro político, económico, social y cultural, lo que puede incluir permanecer bajo el actual régimen o adherirse a otro estado.

5.6: e) Una norma fundamental del derecho internacional que establece que ningún Estado tiene derecho a intervenir, directa o indirectamente, en los asuntos internos de otro Estado.
d) El derecho de todos los pueblos a decidir libremente su destino político, económico, social y cultural, sin interferencias externas.
c) La acción de un Estado o grupo de Estados de intervenir en otro Estado con el fin de proteger a su población de desastres naturales o crisis humanitarias.

b) La acción de un Estado o grupo de Estados de intervenir militarmente en otro Estado con el fin de proteger a su población de violaciones graves de los derechos humanos o del derecho internacional humanitario.

a) El derecho de un Estado a ejercer su autoridad y control sobre su territorio y su población, sin interferencia de otros Estados.

5.7: Falso. El principio de no intervención en asuntos internos no prohíbe a los Estados ofrecer ayuda humanitaria a otro Estado, siempre que dicha ayuda se brinde con el consentimiento del Estado receptor y se lleve a cabo de manera imparcial y no discriminatoria.

5.8: Respuesta sugerida: La situación en Kosovo es un ejemplo complejo de la aplicación del principio de autodeterminación de los pueblos. Después de un período de conflicto armado y la intervención de la OTAN en 1999, la provincia de Kosovo fue administrada por las Naciones Unidas bajo la Resolución 1244 del Consejo de Seguridad. En 2008, las autoridades de Kosovo declararon unilateralmente su independencia de Serbia.

La declaración de independencia de Kosovo fue apoyada por algunos Estados y rechazada por otros, lo que resultó en un debate sobre si la autodeterminación de los pueblos justificaba la creación de un nuevo Estado en este caso. La Corte Internacional de Justicia (CIJ), en su opinión consultiva sobre la conformidad con el derecho internacional de la declaración de independencia de Kosovo, concluyó que la declaración de independencia no violó el derecho internacional, pero no abordó directamente la cuestión de la autodeterminación de los pueblos en este contexto.

En última instancia, la situación de Kosovo pone de manifiesto las tensiones y los desafíos que pueden surgir al aplicar el principio de autodeterminación de los pueblos en situaciones de conflicto y secesión.

5.9: Respuesta sugerida: Según el principio de no intervención en asuntos internos, una intervención militar en otro Estado solo puede considerarse legítima en ciertas circunstancias. Estas incluyen: 1) si el Estado en cuestión ha dado su consentimiento para la intervención; 2) si el Consejo de Seguridad de las Naciones Unidas ha autorizado la intervención en virtud del Capítulo VII de la Carta de las Naciones Unidas para mantener o restablecer la paz y la seguridad internacionales; o 3) si la intervención es llevada a cabo en legítima defensa propia o colectiva en respuesta a un ataque armado, de acuerdo con el Artículo 51 de la Carta de las Naciones Unidas.

5.10: b) Un Estado incumple obligaciones contractuales como respuesta a violaciones a obligaciones incumplidas por el otro estado. Este tipo de conductas, donde un Estado incumple sus obligaciones contractuales como respuesta a las violaciones de otro Estado, puede ser considerada una forma de contramedida en el derecho internacional. Las contramedidas son actos que normalmente serían ilegales, pero que un Estado puede tomar en respuesta a un incumplimiento previo del derecho internacional por parte de otro Estado, con el fin de inducir a ese Estado a cumplir con sus obligaciones.

5.11: Respuesta sugerida: Falso. La autodeterminación de los pueblos no implica necesariamente el derecho a la secesión y la formación de un nuevo Estado. Si bien el principio de autodeterminación garantiza a los pueblos el derecho a decidir libremente su destino político, económico, social y cultural, la secesión es solo una de las posibles formas de ejercer este derecho. En muchos casos, la autodeterminación puede lograrse a través de acuerdos de autonomía, federalismo, descentralización u otras formas de gobierno que garanticen la participación y protección de los derechos de los distintos grupos dentro de un Estado existente.

5.12: Verdadero. El principio de autodeterminación de los pueblos es un principio fundamental del derecho internacional que reconoce el derecho de los pueblos a determinar libremente su estatus político, económico, social y cultural.

5.13: d) Todas las anteriores. El principio de autodeterminación de los pueblos ha sido fundamental en procesos de descolonización, en la creación de Estados federales o confederales y, en ciertos casos, en la secesión de una parte de un Estado existente.

5.14: Respuesta sugerida: El principio de no intervención en asuntos internos y el principio de autodeterminación de los pueblos están interrelacionados y se complementan mutuamente en el marco del derecho internacional. El principio de no intervención en asuntos internos establece que los Estados deben abstenerse de interferir en los asuntos internos de otros Estados, respetando así su soberanía y la igualdad soberana de todos los Estados. Por otro lado, el principio de autodeterminación de los pueblos garantiza el derecho de los pueblos a determinar libremente su estatus político, económico, social y cultural, incluyendo el derecho a la independencia y la libre determinación de su forma de gobierno. No obstante, un reconocimiento muy temprano en la existencia de un nuevo estado o gobierno, puede llevar muchas veces a una intromisión en los asuntos internos cuando esa realidad aún no se ha materializado por completo o no es efectiva.

5.15: Respuesta sugerida: El concepto de "pueblo" nunca se ha definido de manera concluyente, a pesar de su frecuente utilización en los foros internacionales. Los participantes en una reunión de expertos de la UNESCO en 1998 sobre el derecho de autodeterminación hicieron suya la denominada "definición de Kirby" , según la cual se reconoce como "pueblo" a todo grupo de personas con una tradición histórica común, una identidad étnica o racial, homogeneidad cultural, unidad lingüística, afinidad religiosa o ideológica, conexión territorial o una vida económica común. A ello debe añadirse un elemento subjetivo: la conciencia de ser un pueblo y la voluntad de ser reconocido como tal. Los titulares del derecho de autodeterminación son "todos los pueblos" sin excepción. Aunque la definición de "pueblo" no existe aún a nivel internacional, cualquier limitación arbitraria del derecho de autodeterminación únicamente a algunos pueblos (por ejemplo a aquellos sometidos a dominación colonial) o únicamente en algunos momentos históricos (por ejemplo en situaciones de conflicto armado) sería contraria al ordenamiento jurídico internacional.

5.16: d) Todas las anteriores. En ciertas situaciones, como la violación grave de derechos humanos, la intervención por invitación del Estado afectado y la autorización del Consejo de Seguridad de la ONU en virtud del Capítulo VII de la Carta de la ONU, la intervención en asuntos internos puede ser justificada. La denuncia de un estado para con otro que incumple normas relacionadas a los derechos humanos no impide a otros estados denuncia este tipo de actos. Esto es debido a que normas de este carácter son *erga omnes* y por lo tanto cualquier estado es facultado a denunciar este tipo de violaciones.

5.17: Respuesta sugerida: La intervención de Y en el conflicto armado interno de X puede ser vista como una violación del principio de no intervención en asuntos internos, ya que implica una interferencia directa en el conflicto y en los asuntos internos de X. Sin embargo, la legalidad de la intervención dependerá de varios factores, como la existencia de una invitación por parte del gobierno de X, la magnitud y naturaleza de los efectos transfronterizos del conflicto, la proporcionalidad y necesidad de la intervención, y la conformidad con otras normas y principios del derecho internacional, como la prohibición del uso de la fuerza y la protección de los derechos humanos.

Si el gobierno de X ha solicitado la intervención de Y para ayudar en la resolución del conflicto, la intervención podría ser justificada en virtud de la excepción de intervención por invitación. Sin embargo, si no existe tal invitación, la intervención de Y sería más difícil de justificar, a menos que haya sido autorizada por el Consejo de Seguridad de la ONU en virtud del Capítulo VII de la Carta de la ONU o que se pueda argumentar que existe una amenaza inminente a la seguridad de Y que justifique la intervención en términos de legítima defensa.

5.18: Respuesta sugerida: Falso. El principio de no intervención en asuntos internos también es relevante en el contexto de las relaciones entre Estados y organizaciones internacionales. Las organizaciones internacionales, como la ONU, deben respetar la soberanía y la igualdad soberana de sus Estados miembros y abstenerse de intervenir en sus asuntos internos, a menos que haya una base legal y justificación para hacerlo, como la autorización del Consejo de Seguridad en virtud del Capítulo VII de la Carta de la ONU o la implementación de medidas de protección de derechos humanos en virtud de tratados internacionales.

Las acciones de las organizaciones internacionales pueden generar controversias y tensiones entre los Estados miembros cuando se perciben como una intervención en los asuntos internos de un Estado. Por lo tanto, es importante que las organizaciones internacionales actúen de acuerdo con los principios y normas del derecho internacional, incluido el principio de no intervención en asuntos internos, y que busquen un equilibrio entre la protección de los derechos humanos, la promoción de la paz y la seguridad internacionales y el respeto a la soberanía de los Estados miembros.

5.19: Respuesta sugerida: El principio de no intervención en asuntos internos y la prohibición del uso de la fuerza en las relaciones internacionales están interrelacionados y se complementan mutuamente en el marco del derecho internacional. La prohibición del uso de la fuerza, consagrada en el Artículo 2(4) de la Carta de la ONU, establece que los Estados deben abstenerse de recurrir a la fuerza armada en sus relaciones internacionales, salvo en casos de legítima defensa o cuando sea autorizado por el Consejo de Seguridad en virtud del Capítulo VII de la Carta de la ONU.

El principio de no intervención en asuntos internos, por otro lado, establece que los Estados deben abstenerse de interferir en los asuntos internos de otros Estados, incluyendo el uso de la fuerza o cualquier otro medio de coerción, a menos que haya una base legal y justificación para hacerlo. No obstante, el principio de no intervención va más allá de eso. El principio de no intervención se refiere a la prohibición de que un Estado o un organismo internacional interfiera en los asuntos internos de otro Estado. Esta norma busca proteger la soberanía de los Estados, permitiéndoles decidir libremente sobre su organización política, económica, social, cultural y política exterior. Los asuntos internos o domésticos se vinculan a aquellos aspectos que no están regulados por el derecho internacional o que, aunque estén regulados, se dejan a la libre determinación del Estado.

Ambos principios buscan proteger la soberanía de los Estados, promover la paz y la estabilidad internacionales y evitar conflictos y tensiones entre Estados.

5.20: Respuesta sugerida: No. En este caso, el Estado B está expresando su preocupación y condena por las violaciones graves y sistemáticas de los derechos humanos en el Estado A, una materia que forma parte del orden jurídico internacional. Siempre y cuando el comunicado del Estado B no implique coerción o amenazas a la soberanía del Estado A, no se consideraría una violación del principio de no intervención en los asuntos internos.

5.21: Falso. Aunque el principio de autodeterminación de los pueblos es un principio fundamental del derecho internacional y está consagrado en la Carta de la ONU y en otros instrumentos internacionales, no implica automáticamente el derecho a la secesión y la creación de un nuevo Estado. La autodeterminación puede tomar muchas formas, incluyendo la autonomía interna, el autogobierno y la participación en la toma de decisiones políticas, económicas y sociales dentro del Estado existente.

La secesión y la formación de un nuevo Estado sin el consentimiento del gobierno central son medidas extremas y excepcionales que generalmente no están respaldadas por el derecho internacional, a menos que existan circunstancias específicas, como la opresión sistemática y grave de un grupo étnico, cultural o religioso, que no puedan ser resueltas a través de otros medios de autodeterminación.

5.22: d) Todas las anteriores. El principio de autodeterminación de los pueblos puede manifestarse a través del derecho a participar en la toma de decisiones políticas, económicas y sociales, el derecho a la autonomía interna y el autogobierno, y, en circunstancias excepcionales, el derecho a la secesión y la creación de un nuevo Estado.

5.23: Respuesta sugerida: En el contexto del derecho internacional, los principales requisitos o condiciones para que se considere la existencia de un movimiento de liberación nacional legítimo incluyen:

1. La existencia de un pueblo o grupo étnico con una identidad cultural, histórica y/o lingüística distintiva que busca ejercer su derecho a la autodeterminación.
2. La presencia de una situación de opresión, discriminación, dominación colonial o explotación por parte de un Estado o una potencia extranjera que impida o limite el ejercicio del derecho a la autodeterminación del pueblo o grupo en cuestión.
3. La manifestación de una lucha organizada y representativa por parte del pueblo o grupo étnico en cuestión, ya sea mediante medios pacíficos, como la protesta y la negociación política, o mediante la resistencia armada, siempre que se respeten los principios del derecho internacional humanitario.
4. El apoyo a la causa del movimiento de liberación nacional por parte de la comunidad internacional y/o la existencia de una base jurídica en el derecho internacional, como tratados, resoluciones de organismos internacionales o el reconocimiento de su lucha por otros Estados.

Es importante destacar que la legitimidad de un movimiento de liberación nacional puede ser objeto de debate y controversia, y su reconocimiento como tal dependerá de la interpretación y aplicación de estos requisitos por parte de la comunidad internacional y las instancias jurídicas pertinentes.

5.24: Falso. Aunque el principio de autodeterminación de los pueblos es un principio fundamental del derecho internacional y busca proteger los derechos y las aspiraciones de las poblaciones dentro de los Estados, no justifica automáticamente la intervención militar en otros Estados para proteger los derechos de las minorías étnicas, culturales o religiosas. La intervención militar en otros Estados debe basarse en el principio de no intervención en asuntos internos y prohibición de la amenaza y uso de la fuerza, y solo puede ser justificada en circunstancias excepcionales, como la existencia de una autorización del Consejo de Seguridad de la ONU en virtud del Capítulo VII de la Carta de la ONU, o en caso de legítima defensa en respuesta a un ataque armado.

5.25: Respuesta sugerida: Los movimientos de liberación nacional son importantes en el contexto del derecho internacional y el principio de autodeterminación de los pueblos, ya que representan la lucha de un pueblo o grupo étnico por su independencia, autogobierno o el ejercicio de sus derechos culturales y políticos. Estos movimientos pueden ser considerados como parte del proceso de descolonización y contribuyen al establecimiento de nuevos Estados soberanos. Además, el derecho internacional reconoce y protege el derecho de los pueblos a la autodeterminación, incluyendo su derecho a establecer su propio Estado o a decidir libremente sobre su estatus político y forma de gobierno, incluso mediante el uso de la fuerza armada.

5.26: Respuesta: Falso Explicación: Aunque algunos movimientos de liberación nacional han recurrido a la violencia armada y la lucha armada para lograr sus objetivos, existen también casos en los que estos movimientos han utilizado medios pacíficos y negociaciones diplomáticas para alcanzar sus metas. La forma en que un movimiento de liberación nacional persigue sus objetivos puede variar según las circunstancias y las estrategias adoptadas por sus líderes.

5.27: Respuesta: c) Los movimientos de liberación nacional pueden estar relacionados con la lucha por la autodeterminación de los pueblos. Explicación: Los movimientos de liberación nacional pueden estar relacionados con la lucha por la autodeterminación de los pueblos, y su importancia en el derecho internacional se debe a su conexión con el principio de autodeterminación. Estos movimientos pueden ocurrir tanto en países colonizados como en aquellos que no lo están, y no siempre resultan en la creación de nuevos Estados, ya que en algunos casos pueden lograr acuerdos de autonomía o mayor participación política dentro de un Estado existente.

5.28: Respuesta sugerida: En el marco del derecho internacional, los movimientos de liberación nacional adquieren ciertos derechos y obligaciones. Algunos de los principales incluyen:

1. Derecho a la libre determinación: Los movimientos de liberación nacional tienen el derecho de luchar por la autodeterminación de su pueblo, lo que puede incluir la independencia, la autonomía o la integración en otro Estado. Son considerados un sujeto del derecho internacional.

2. Derecho a la representación y participación internacional: Los movimientos de liberación nacional pueden ser reconocidos como representantes legítimos de su pueblo y, en algunos casos, pueden ser admitidos como miembros de organizaciones internacionales o participar en foros internacionales.

3. Obligación de respetar el derecho internacional humanitario: Los movimientos de liberación nacional deben cumplir con las normas del derecho internacional humanitario, incluidas las disposiciones aplicables de los Convenios de Ginebra y sus Protocolos Adicionales, que protegen a las personas que no participan en las hostilidades y regulan la conducción de las hostilidades.

4. Obligación de respetar los derechos humanos: Aunque las obligaciones de los movimientos de liberación nacional en materia de derechos humanos pueden ser menos claras que las de los Estados, se espera que estos movimientos respeten y protejan los derechos humanos fundamentales de las personas bajo su control o influencia.

Capítulo 6: Abstención y Uso de la Fuerza

6.1: d) Todas las anteriores. La Carta de las Naciones Unidas establece que los Estados Miembros deben resolver sus controversias internacionales por medios pacíficos, abstenerse de utilizar la fuerza en sus relaciones internacionales y actuar de acuerdo con los principios de justicia y derecho internacional.

6.2: Falso. El uso de la fuerza en legítima defensa está permitido por el derecho internacional bajo ciertas circunstancias. El artículo 51 de la Carta de las Naciones Unidas reconoce el derecho inherente de legítima defensa individual o colectiva en caso de un ataque armado o un ataque inminente contra un

Estado Miembro de la ONU hasta que el Consejo de Seguridad haya tomado las medidas necesarias para mantener la paz y la seguridad internacionales.

6.3: c) El Consejo de Seguridad de la ONU.

6.4: Respuesta sugerida: El Consejo de Seguridad de las Naciones Unidas tiene la responsabilidad principal de mantener la paz y la seguridad internacionales según el Artículo 24 de la Carta de las Naciones Unidas. A este respecto, el Consejo de Seguridad evalúa la existencia de cualquier amenaza a la paz, ruptura de la paz o acto de agresión y puede tomar medidas que considere necesarias para mantener o restaurar la paz y la seguridad internacionales.

La apreciación de un peligro para la paz o seguridad internacional por parte del Consejo de Seguridad es un proceso complejo que depende de una variedad de factores. El Consejo de Seguridad tiene un amplio margen de discreción en la determinación de lo que constituye una amenaza a la paz y seguridad internacionales. Aunque no existe una definición precisa o criterios establecidos, el Consejo de Seguridad a menudo considera factores como la gravedad del acto, su impacto transfronterizo, el riesgo de escalada o propagación y la intención subyacente del actor estatal o no estatal.

Además, la evaluación del Consejo de Seguridad también está influida por consideraciones políticas. Las decisiones del Consejo de Seguridad son tomadas por sus 15 miembros y requieren el voto afirmativo de al menos nueve miembros, sin que ninguno de los miembros permanentes del consejo vote en contra. Esto significa que las decisiones del Consejo de Seguridad pueden ser objeto de veto por parte de cualquiera de los cinco miembros permanentes (Estados Unidos, Rusia, China, Reino Unido y Francia), lo que puede afectar su capacidad para actuar en respuesta a una amenaza a la paz y seguridad internacionales.

6.5: Respuesta sugerida: Ius ad bellum - b), Ius in bello - a), Legítima defensa - d), No intervención - c).

6.6: Intervención humanitaria - b) El uso de la fuerza por uno o varios Estados en otro Estado sin su consentimiento, con el objetivo de poner fin a violaciones masivas y sistemáticas de los derechos humanos o aliviar el sufrimiento humano.

Intervención por invitación - a) El uso de la fuerza por un Estado en otro Estado con el consentimiento del gobierno de ese Estado, generalmente para ayudar a mantener o restablecer el orden público y la seguridad.

Uso de la fuerza autorizado por el Consejo de Seguridad de la ONU - c) El uso de la fuerza por uno o varios Estados en otro Estado cuando está autorizado por el Consejo de Seguridad de la ONU en virtud del Capítulo VII de la Carta de las Naciones Unidas para mantener o restablecer la paz y la seguridad internacionales.

6.7: Respuesta sugerida: El derecho a la legítima defensa está consagrado en el Artículo 51 de la Carta de las Naciones Unidas. Para que un Estado pueda invocar legítimamente este derecho, generalmente se entiende que deben cumplirse varios requisitos:

1. Existencia de un ataque armado: La fuerza solo puede ser utilizada en autodefensa en relación a un ataque armado.

2. Inminencia del ataque: Se reconoce el uso de la fuerza en autodefensa en respuesta a un ataque inminente.

5. Necesidad de la acción: La acción en autodefensa debe ser necesaria, es decir, la situación debe ser tal que no exista otra opción para prevenir el ataque. Además, la acción debe ser proporcional a la amenaza.

6. Proporcionalidad de la respuesta: La respuesta en autodefensa debe ser proporcional al ataque, es decir, no debe exceder lo necesario para neutralizar o abolir el ataque.

7. Aviso al Consejo de Seguridad de las Naciones Unidas: De acuerdo con el Artículo 51 de la Carta de las Naciones Unidas, se requiere que el Estado que se defiende informe al Consejo de Seguridad de su acción.

8. Temporalidad de la acción: La acción de autodefensa solo es temporal hasta que el Consejo de Seguridad tome medidas para mantener la paz y la seguridad internacionales.

Estos requisitos buscan garantizar que el uso de la fuerza en autodefensa sea una última opción, reservada para situaciones en las que un Estado se enfrenta a una amenaza inminente y grave y no tiene otra opción para garantizar su seguridad.

6.8: Respuesta sugerida: c) Generalmente considerada ilegal bajo el derecho internacional. La intervención humanitaria sin el consentimiento del Estado afectado y sin la autorización del Consejo de Seguridad de la ONU no tiene una base legal clara en el derecho internacional y, en general, se considera ilegal. Aunque algunos argumentan que la intervención humanitaria podría ser legal en circunstancias excepcionales, como en casos de genocidio o crímenes de lesa humanidad, esta posición no es universalmente aceptada.

6.9: Respuesta sugerida: Falso. Aunque la protección de sus propios ciudadanos en el extranjero puede ser un motivo legítimo para que un Estado actúe, el uso de la fuerza en otro Estado sin el consentimiento del Estado afectado y sin la autorización del Consejo de Seguridad de la ONU generalmente se considera ilegal bajo el derecho internacional.

6.10: Respuesta sugerida: La legítima defensa individual se refiere al derecho de un Estado de utilizar la fuerza para defenderse a sí mismo en caso de un ataque armado. Por otro lado, la legítima defensa colectiva se refiere al derecho de un Estado o un grupo de Estados de utilizar la fuerza para defender a otro Estado que ha sido objeto de un ataque armado. El Estado que pide la asistencia debe hacerlo expresamente. En ambos casos, el uso de la fuerza debe cumplir con los principios de necesidad y proporcionalidad, y debe notificarse al Consejo de Seguridad de la ONU.

6.11: d) Todas las anteriores. El principio de no intervención en los asuntos internos de otros Estados se basa en la igualdad soberana de los Estados, la prohibición del uso de la fuerza en las relaciones internacionales y el principio de no injerencia en los asuntos internos de otros Estados. Este principio está consagrado en la Carta de las Naciones Unidas y en numerosas resoluciones y declaraciones de la Asamblea General de la ONU.

6.12: Respuesta sugerida: La intervención humanitaria y la responsabilidad de proteger (R2P) son dos conceptos que tratan la cuestión de la intervención en los asuntos internos de un estado por razones humanitarias, pero tienen diferencias fundamentales en su enfoque..

1. Intervención Humanitaria: Este concepto surgió en los años 90 y se refiere a la acción emprendida por estados u organizaciones internacionales con el objetivo de prevenir o detener las violaciones graves y sistemáticas de los derechos humanos en otro estado, incluso sin el consentimiento del estado en cuestión. La intervención humanitaria puede incluir acciones militares o no militares. Ha sido objeto de controversia debido a las preocupaciones sobre su posible mal uso como pretexto para la intervención militar y el cambio de régimen.

2. Responsabilidad de Proteger (R2P): Este concepto se desarrolló a principios del siglo XXI en respuesta a las limitaciones y controversias asociadas con la intervención humanitaria. R2P sostiene que los estados tienen la responsabilidad primordial de proteger a sus propios ciudadanos de crímenes atroces como el genocidio, los crímenes de guerra, la limpieza étnica y los crímenes de lesa humanidad. Si un estado no puede o no quiere cumplir con esta responsabilidad, la responsabilidad recae en la comunidad internacional. R2P enfatiza la prevención y la asistencia a los estados para cumplir con sus obligaciones, y considera la intervención militar como último recurso, que solo puede ser autorizada por el Consejo de Seguridad de la ONU.

En resumen, mientras que la intervención humanitaria se centra en la acción (a menudo militar) para prevenir las violaciones de los derechos humanos, la R2P adopta un enfoque más amplio y basado en la prevención, y enfatiza la responsabilidad de los estados y la comunidad internacional de proteger a las personas de los crímenes atroces.

6.13: Respuesta sugerida: La intervención militar de Estados Unidos y sus aliados en Siria en 2018 se justificó principalmente como una respuesta al uso presunto de armas químicas por parte del régimen de Bashar al-Assad contra su propio pueblo. El argumento de los estados que intervinieron fue que estaban actuando para proteger a la población civil siria y para mantener la prohibición internacional del uso de armas químicas, que es un principio fundamental del derecho internacional humanitario.

Desde el punto de vista del derecho internacional, la legalidad de la intervención es un tema controvertido y depende de cómo se interpreten varias normas y principios. Según la Carta de las Naciones Unidas, el uso de la fuerza en las relaciones internacionales está prohibido a menos que esté autorizado por el Consejo de Seguridad de la ONU o que se utilice en legítima defensa contra un ataque armado. En el caso de Siria, el Consejo de Seguridad no autorizó la intervención, y los estados que intervinieron no estaban defendiéndose contra un ataque armado.

Algunos argumentan que la intervención podría justificarse bajo la doctrina de la "responsabilidad de proteger" (R2P) o como una intervención humanitaria, pero estas son interpretaciones controvertidas del derecho internacional y no son ampliamente aceptadas. La R2P, por ejemplo, solo permite la intervención militar con la autorización del Consejo de Seguridad.

En resumen, desde el punto de vista del derecho internacional la legalidad de la intervención es altamente cuestionable y controvertida.

6.14: Respuestas:

• Intervención militar para proteger a una minoría étnica en otro Estado: Ilegal. Sin la autorización del Consejo de Seguridad de la ONU, la intervención militar en los asuntos internos de otro estado es ilegal.

• Apoyo financiero y logístico a un grupo rebelde en otro Estado: Ilegal. Esto se considera una violación del principio de no intervención en los asuntos internos de otro estado.

• Intervención para frenar un genocidio en otro Estado con la autorización del Consejo de Seguridad de la ONU: Legal. Si existe autorización del Consejo de Seguridad de la ONU, la intervención es legal bajo el derecho internacional.

• Asistencia a otro estado que solicita defenderse militarmente contra otro estado agresor: Legal. En este caso, la intervención es con el consentimiento del estado en cuestión y por lo tanto es legal.

- Intervención militar en socorro de una población azotada por su propio gobierno: Ilegal. Sin la autorización del Consejo de Seguridad de la ONU, la intervención militar en los asuntos internos de otro estado es ilegal.

- Operación militar en otro estado en socorro a sus nacionales: Ilegal. Aunque algunas interpretaciones del derecho internacional podrían permitir tal acción en circunstancias extremas, desde una perspectiva estrictamente legal y sin autorización del Consejo de Seguridad de la ONU, se consideraría ilegal.

6.15: Respuesta sugerida: El principio general en relación con el uso de la fuerza por parte de los Estados en el derecho internacional es la prohibición del uso y amenaza del uso de la fuerza en las relaciones internacionales. Este principio se encuentra consagrado en el artículo 2(4) de la Carta de las Naciones Unidas, que prohíbe a los Estados miembros utilizar la fuerza o amenazar con utilizarla contra la integridad territorial o la independencia política de cualquier Estado.

6.16: Verdadero. La legítima defensa es una excepción reconocida a la prohibición del uso de la fuerza en el derecho internacional. El artículo 51 de la Carta de las Naciones Unidas establece que los Estados tienen el derecho inherente de defenderse individual o colectivamente en caso de un ataque armado, hasta que el Consejo de Seguridad tome las medidas necesarias para mantener la paz y la seguridad internacional. Notar que parte de la doctrina, no cataloga la legítima defensa estrictamente como una excepción sino como parte integrante del principio.

6.17: a) Un ataque armado inminente pero aún no realizado. La doctrina de la legítima defensa anticipatoria, aunque controvertida, permite a un Estado utilizar la fuerza en respuesta a un ataque armado inminente pero aún no realizado, siempre que se cumplan ciertos criterios, como la necesidad y la proporcionalidad.

6.18: Respuesta sugerida: Un Estado se considera que ha ejercido su derecho a la legítima defensa colectiva cuando actúa en defensa de otro Estado que ha sufrido un ataque armado y ha solicitado asistencia en virtud del artículo 51 de la Carta de las Naciones Unidas. La legítima defensa colectiva también debe cumplir con los requisitos de necesidad y proporcionalidad en el uso de la fuerza.

6.19: Respuesta Sugerida: Para activar el Capítulo VII de la Carta de las Naciones Unidas, el Consejo de Seguridad debe determinar la existencia de una amenaza a la paz, una ruptura de la paz o un acto de agresión, según el artículo 39 de la Carta. Una vez que se ha realizado esta determinación (que es una apreciación más política que jurídica), el Consejo de Seguridad puede tomar las medidas necesarias para mantener o restablecer la paz y la seguridad internacional, incluidas sanciones económicas y diplomáticas, así como el uso de la fuerza si las medidas no militares resultan inadecuadas o ineficaces.

6.20: c) Medidas militares, diplomáticas y económicas. Según el Capítulo VII de la Carta de las Naciones Unidas, el Consejo de Seguridad puede adoptar una amplia gama de medidas para enfrentar una amenaza a la paz, una ruptura de la paz o un acto de agresión, incluidas medidas militares (como el despliegue de fuerzas armadas), medidas diplomáticas (como la negociación o la mediación) y medidas económicas (como sanciones o embargos).

6.21: Respuesta sugerida: Según el derecho internacional, la legítima defensa es permitida en respuesta a un ataque armado. Sin embargo, la cuestión de si la legítima defensa puede ser ejercida en respuesta a ataques de grupos armados no estatales es controvertida. Algunos argumentan que si el estado B es incapaz o no está dispuesto a prevenir los ataques, entonces el estado A podría tener derecho a defenderse. Sin embargo, esto debe ser considerado en el contexto específico del caso y podría necesitar la autorización del Consejo de Seguridad de la ONU.

6.22: Respuesta sugerida: Desde una perspectiva del derecho internacional, la intervención de un tercer país puede ser considerada como legal si se encuentra dentro del marco de la legítima defensa colectiva, que es permitida por el artículo 51 de la Carta de las Naciones Unidas. Sin embargo, la intervención aún tendría que cumplir con los principios de necesidad y proporcionalidad.

6.23: Respuesta sugerida: Desde la perspectiva del derecho internacional, el país tiene el derecho de protegerse de los ataques terroristas. No obstante, si el país decide atacar al grupo en el extranjero, podría considerarse una violación del principio de no intervención, a menos que el país donde se encuentra el grupo dé su consentimiento o el Consejo de Seguridad de la ONU autorice tal acción.

6.24: Respuesta sugerida: Desde una perspectiva estricta del derecho internacional, una intervención militar sin la autorización del Consejo de Seguridad de la ONU es considerada ilegal. Sin embargo, hay quienes argumentan que es posible aplicar la "responsabilidad de proteger" (R2P) para proporcionar cierta justificación moral en este tipo de situaciones. Sin embargo, desde un punto de vista legal, tal intervención, aun en casos de genocidio o crímenes de lesa humanidad no estaría permitido si el estado en cuya jurisdicción se intervendría no lo acepta.

6.25: Respuesta sugerida: Desde la perspectiva del derecho internacional, el País A tiene el derecho a defenderse en respuesta a un ataque armado. Sin embargo, el principio de legítima defensa también establece que las medidas tomadas en defensa propia deben ser necesarias y proporcionales. En este caso, si la respuesta militar del País A es mucho más intensa y dañina que el ataque inicial del País B, puede argumentarse que el País A ha violado el principio de proporcionalidad. La cantidad significativa de daño y pérdida de vidas civiles también puede indicar una violación del principio de distinción y de la obligación de tomar todas las precauciones posibles para evitar o minimizar las bajas civiles. Por lo tanto, aunque el País A tenía el derecho a defenderse inicialmente, la forma en que lo hizo puede haber hecho caer el ejercicio licito de su empleo.

6.26: Respuesta sugerida: Si el grupo armado no estatal es considerado como un actor que realiza un ataque armado y el Estado desde donde se originan los ataques es incapaz o no está dispuesto a controlar al grupo armado, podría suscitar una discusión respecto al empleo de la legítima defensa contra estos actores en otros territorios. Su utilización contra actores no estatales no está claramente permitido, a pesar de algunos antecedentes en la materia que nos hacen pensar sobre la evolución de su utilización contra actores otros que Estados. Notablemente, algunas resoluciones del Consejo de Seguridad que han legitimizado la legítima defensa en este tipo de casos han sido las resoluciones 1368 (2001) y 1373 (2001). El contexto de dichas resoluciones en las que se califica todo acto de terrorismo internacional como un acto que amenaza la paz y la seguridad internacional, tuvo lugar en respuesta a los eventos del 11 de septiembre de 2001, luego del atentado contra las Torres Gemelas. Lo interesante del contenido de estas resoluciones es que responden, precisamente, a un fenómeno generado por actores no estatales recogiendo y mencionando expresamente "el derecho inmanente de legítima defensa individual o colectiva de conformidad con la Carta de las Naciones Unidas". No obstante, la CIJ, hábilmente, evitó pronunciarse sobre la posibilidad de que exista el derecho a la legítima defensa contra actores no estatales expresamente.

Capítulo 7: Solución Pacífica de Controversias

7.1: Respuesta sugerida: Los principios del derecho internacional que rigen la solución pacífica de controversias entre Estados incluyen la obligación de resolver las disputas por medios pacíficos, la prohibición del uso de la fuerza en las relaciones internacionales y la obligación de los Estados de cooperar de buena fe en la solución de controversias. Estos principios están consagrados en la Carta de las Naciones Unidas y en otras fuentes del derecho internacional.

Principio de la solución pacífica de controversias: Este principio, articulado en el Artículo 2(3) de la Carta de las Naciones Unidas, establece que los Estados deben resolver sus disputas internacionales por medios pacíficos de tal manera que no se amenace la paz y la seguridad internacionales ni se infrinjan la justicia y el derecho internacional.

Principio de la prohibición del uso de la fuerza: El Artículo 2(4) de la Carta de las Naciones Unidas prohíbe a los Estados el uso de la fuerza en sus relaciones internacionales, excepto en casos de autodefensa o cuando el Consejo de Seguridad de las Naciones Unidas autoriza el uso de la fuerza.

Principio de la no intervención: Este principio establece que ningún Estado tiene derecho a intervenir en los asuntos internos o externos de otro Estado. Este principio está relacionado con el principio de la soberanía y la igualdad de los Estados.

7.2: Respuestas:

e) Negociación
a) Mediación
d) Conciliación
b) Arbitraje
c) Adjudicación

7.3: Respuesta: Los Estados A y B están utilizando la conciliación como método de solución pacífica de controversias. La conciliación implica que un tercero imparcial investigue y proponga soluciones a las partes en disputa, aunque estas soluciones no sean vinculantes.

7.4: b) La jurisdicción de la CIJ se basa en el consentimiento de los Estados. La CIJ no tiene jurisdicción obligatoria sobre todos los Estados miembros de la ONU, y su jurisdicción no es exclusiva ni se extiende a controversias entre individuos.

7.5: Falso. La solución pacífica de controversias no implica que las partes en disputa deban llegar a un acuerdo en todas las situaciones. El objetivo principal es resolver las disputas de manera pacífica y evitar el uso de la fuerza o la amenaza de la fuerza en las relaciones internacionales. Aunque un acuerdo entre las partes es deseable, no siempre es posible o necesario para cumplir con la obligación de resolver controversias pacíficamente.

7.6: Respuesta sugerida: La principal diferencia entre el arbitraje y la adjudicación en la solución pacífica de controversias radica en el órgano que toma la decisión. En el arbitraje, las partes en disputa presentan sus argumentos y pruebas ante un tribunal o panel de árbitros, que puede ser seleccionado por las partes, y luego emite una decisión vinculante. En la adjudicación, las partes en disputa presentan sus argumentos y pruebas ante un tribunal internacional, como la Corte Internacional de Justicia, que es un órgano establecido previamente y no seleccionado por las partes, y que luego emite una decisión vinculante.

7.7: Respuesta sugerida: Los Estados X e Y están utilizando el arbitraje como método de solución pacífica de controversias. En el arbitraje, las partes en disputa presentan sus argumentos y pruebas ante un tribunal o panel de árbitros, que puede ser seleccionado por las partes, y luego emite una decisión vinculante.

7.8: b) Mediación. La mediación es un método de solución pacífica de controversias en el que un tercero imparcial facilita la comunicación y la búsqueda de soluciones entre las partes en disputa, pero no emite una decisión vinculante.

7.9: Respuestas:

b) Artículo 33
a) Artículo 36
c) Artículo 37
d) Artículo 38

7.10: Falso. El capítulo VI de la Carta de las Naciones Unidas se centra en la solución pacífica de controversias y no establece medidas coercitivas. Las medidas coercitivas se encuentran en el capítulo VII, que se refiere a las acciones en caso de amenazas a la paz, rupturas de la paz y actos de agresión.

7.11: Respuesta sugerida: El Consejo de Seguridad de las Naciones Unidas tiene un rol importante en la solución pacífica de controversias entre Estados. Según los artículos 36, 37 y 38 de la Carta de las Naciones Unidas, el Consejo de Seguridad puede recomendar procedimientos y métodos adecuados para la solución de disputas, instar a las partes a cumplir con las disposiciones del artículo 33 y, si la disputa no se resuelve mediante los medios establecidos en el artículo 33, las partes pueden referir el asunto al Consejo de Seguridad. Además, el Consejo de Seguridad puede adoptar medidas bajo el capítulo VII de la Carta en caso de amenazas a la paz, rupturas de la paz y actos de agresión.

7.12: d) Adjudicación. La adjudicación implica la presentación de argumentos y pruebas ante un tribunal internacional establecido, como la Corte Internacional de Justicia, que luego emite una decisión vinculante.

7.13: Respuesta sugerida:

Ventajas de la negociación:

- Permite a las partes mantener el control sobre el proceso y el resultado.
- Puede ser más rápida y menos costosa en comparación con otros métodos, como el arbitraje o la adjudicación.
- Puede conducir a soluciones creativas y flexibles que satisfagan las necesidades de ambas partes.
- Puede ayudar a preservar o mejorar las relaciones entre las partes en disputa.

Desventajas de la negociación:

- Puede ser difícil para las partes alcanzar un acuerdo si hay un desequilibrio de poder o si no pueden encontrar un terreno común.
- El proceso puede estancarse o prolongarse si las partes no están comprometidas a resolver la disputa de manera pacífica.
- No hay garantía de un resultado justo o imparcial, ya que las partes controlan el proceso y el resultado.
- No hay un tercero imparcial para supervisar el proceso y garantizar que se sigan las normas del derecho internacional.

7.14: Respuesta sugerida: Durante el proceso de conciliación, un tercero imparcial escuchará a las partes en disputa, investigará la situación y luego emitirá un informe no vinculante con propuestas de solución. A diferencia de la mediación, la conciliación implica la emisión de un informe que puede ser utilizado por las partes para orientar sus futuras negociaciones. Aunque el informe de conciliación no es vinculante, puede proporcionar una base para que las partes lleguen a un acuerdo mutuamente aceptable sobre la disputa territorial.

7.15: Falso. Los Estados Miembros de las Naciones Unidas y otros Estados que sean partes en el Estatuto de la Corte o que hayan aceptado su jurisdicción bajo ciertas condiciones pueden acceder a la CIJ.

Vale la mencionar que la Corte solo tendrá competencia para conocer de un asunto si los Estados implicados han aceptado su jurisdicción de alguna de las siguientes maneras:

1. En virtud de un acuerdo especial concluido entre los Estados con el propósito de someter su controversia a la Corte;

2. En virtud de una cláusula jurisdiccional. Este es el caso en que los Estados son partes de un tratado en el que una de sus cláusulas prevé que, en caso de que surja en el futuro una controversia acerca de la interpretación o la aplicación de dicho tratado, uno de ellos la someta a la Corte;

3. Por el efecto recíproco de declaraciones hechas por ellos bajo los términos del Estatuto, mediante las cuales cada uno de ellos ha aceptado la jurisdicción de la Corte como obligatoria en caso de controversia con cualquier otro Estado que acepte la misma obligación. Cierto número de

estas declaraciones, que deben depositarse en poder del Secretario General de las Naciones Unidas, contienen reservas que excluyen determinadas categorías de controversias.

7.16: Respuesta sugerida: El Secretario General de las Naciones Unidas puede desempeñar un papel activo en la solución pacífica de controversias. De acuerdo con la Carta de las Naciones Unidas, el Secretario General puede llamar la atención del Consejo de Seguridad sobre cualquier asunto que, en su opinión, pueda poner en peligro la paz y la seguridad internacionales. Además, el Secretario General puede actuar como mediador o facilitador en disputas entre Estados, ofrecer sus buenos oficios o asistir en la creación de mecanismos ad hoc para la solución pacífica de controversias. También puede designar a representantes especiales o enviados para abordar situaciones específicas y realizar gestiones diplomáticas en nombre de las Naciones Unidas.

7.17: Respuesta sugerida: Según la Convención de las Naciones Unidas sobre el Derecho del Mar (CNUDM), los Estados en disputa tienen varias opciones para resolver pacíficamente sus controversias. Pueden recurrir a la negociación, la mediación, la conciliación o el arbitraje. Además, la CNUDM establece mecanismos específicos para la solución de controversias, como el Tribunal Internacional del Derecho del Mar (TIDM), el arbitraje obligatorio y la comisión de conciliación para disputas relacionadas con la delimitación de las zonas económicas exclusivas (ZEE) y la plataforma continental. Las partes pueden elegir el mecanismo que consideren más adecuado para resolver su disputa de manera efectiva y pacífica.

7.18: b) Estados miembros y Estados no miembros de las Naciones Unidas. Según el artículo 93 de la Carta de las Naciones Unidas y el artículo 34 del Estatuto de la CIJ, tanto los Estados miembros como los Estados no miembros pueden acceder a la CIJ.

7.19: Respuesta: Verdadero. La CIJ puede ejercer su competencia solo si las partes involucradas han dado su consentimiento previo, ya sea a través de un compromiso ocasional, una cláusula compromisoria, una cláusula facultativa de jurisdicción obligatoria (artículo 36, §2) o mediante *forum prorogatum*.

7.20: Respuesta: Falso.

Explicación: Nos tomamos un momento para explayarnos sobre esto. La competencia de la Corte Internacional de Justicia (CIJ) se basa en el principio del consentimiento de los Estados. Esto significa que la CIJ sólo puede ejercer su competencia en casos en los que los Estados partes en la disputa han aceptado su jurisdicción. Si un "tercero indispensable", es decir, un Estado cuya participación es necesaria para la resolución de la disputa, no ha dado su consentimiento para participar en el proceso, la CIJ no puede obligarlo a hacerlo.

Este principio se refleja en el Artículo 34(1) del Estatuto de la CIJ, que establece: "Solo los Estados pueden ser partes en los casos ante la Corte". Además, el Artículo 36 del Estatuto de la CIJ establece que la jurisdicción de la Corte se basa en el consentimiento.

Este principio también se refleja en la práctica de la CIJ. En varios casos, la CIJ ha encontrado que no puede ejercer su competencia si un tercero indispensable no ha dado su consentimiento para participar en el proceso. Por ejemplo, en el caso de la Plataforma Continental del Mar Egeo (Grecia c. Turquía), la CIJ encontró que no podía ejercer su competencia porque Turquía, un tercero indispensable, no había aceptado su jurisdicción.

Por lo tanto, es falso afirmar que la CIJ puede ejercer su competencia en casos en los que un tercero indispensable no ha dado su consentimiento para participar en el proceso.

7.21: b) Una declaración de aceptación de la jurisdicción obligatoria de la CIJ por ambas partes. La cláusula facultativa de jurisdicción obligatoria requiere que ambas partes en disputa hayan aceptado previamente la jurisdicción de la CIJ a través de declaraciones formales.

7.22: Respuesta: Verdadero.

Explicación: El momento adecuado para evaluar la competencia de la Corte Internacional de Justicia (CIJ) generalmente es al inicio del proceso judicial. Esto se debe a que la competencia es una cuestión preliminar que debe ser resuelta antes de que la Corte pueda considerar el fondo del caso.

Según el procedimiento de la CIJ, si una parte plantea una excepción a la competencia de la Corte o a la admisibilidad de la demanda, la Corte debe decidir sobre esa excepción antes de proceder a considerar el fondo del caso. Esto se refleja en el Artículo 79 del Reglamento de la Corte.

Este procedimiento asegura que la Corte sólo oiga casos en los que tiene competencia y que las partes no gasten tiempo y recursos en procedimientos judiciales en los que la Corte finalmente pueda encontrar que no tiene competencia. Por lo tanto, es verdadero afirmar que el momento adecuado para evaluar la competencia de la CIJ es al inicio del proceso judicial.

7.23: Respuesta sugerida: En el caso del Timor Oriental, la CIJ sostuvo que no tenía competencia para resolver la disputa porque Indonesia, un Estado indispensable para la resolución del caso, no había dado su consentimiento para participar en el proceso. La CIJ argumentó que, sin la participación de Indonesia, no podía emitir una decisión que vinculara a todas las partes involucradas.

7.24: c) La competencia contenciosa de la CIJ se basa en el consentimiento de las partes involucradas en la disputa. La CIJ solo puede ejercer su competencia si ambas partes involucradas en la disputa han dado su consentimiento previo.

7.25: Respuestas:
1. b) Un acuerdo para someter una disputa específica a la jurisdicción de la CIJ.
2. c) Acuerdo previo entre las partes en un tratado para someter futuras disputas relacionadas con ese tratado a la CIJ.
3. a) Mecanismo mediante el cual un Estado acepta la jurisdicción de la CIJ en casos específicos y previamente acordados.
4. d) La aceptación espontanea de la jurisdicción de la CIJ en un caso específico por parte de un Estado que no había aceptado previamente su jurisdicción.

7.26: Respuesta: a) Limitar la jurisdicción de la CIJ sobre ciertos tipos de casos o situaciones.

Respuesta 7.27: c) Suspensión temporal de actividades en disputa. Las medidas provisionales en el contexto de la Corte Internacional de Justicia (CIJ) son medidas provisionales que la Corte puede ordenar para preservar los derechos de las partes en una disputa mientras el caso está pendiente. Estas medidas pueden incluir, por ejemplo, la suspensión temporal de ciertas actividades que están en disputa en el caso.

Estas medidas están previstas en el Artículo 41 del Estatuto de la CIJ, que establece que la Corte tiene el poder de indicar, si considera que las circunstancias así lo exigen, cualquier medida provisional que deba tomarse para preservar los derechos de cualquiera de las partes.

Por tanto, la opción "c) Suspensión temporal de actividades en disputa" es el ejemplo correcto de una medida provisional en la CIJ. Las opciones a), b) y d) son más típicas de los sistemas judiciales internos y no son medidas que la CIJ esté generalmente facultada para ordenar.

7.28: Verdadero.

7.29: Respuesta: a) Suspender el procedimiento hasta que se resuelva la excepción.

Explicación: Ampliemos un poco sobre este tema y señalemos una excepción. Una excepción preliminar en la CIJ generalmente se refiere a una objeción legal presentada por una de las partes antes de llegar al fondo del asunto. Este tipo de excepciones puede relacionarse con la jurisdicción de la Corte para escuchar el caso, la admisibilidad del caso o cualquier otra cuestión que, de acuerdo con la parte que presenta la excepción, debería ser resuelta antes de entrar al fondo del caso. Cuando se presenta una excepción preliminar, el procedimiento sobre el fondo se suspende hasta que se resuelva la excepción.

Las otras opciones son incorrectas en este contexto. La excepción preliminar no tiene por objeto permitir que una parte presente argumentos adicionales (b), cambiar la jurisdicción en la que se escucha el caso (c), o terminar el procedimiento sin considerar el mérito del caso (d). Sin embargo, cabe señalar que si una excepción preliminar es aceptada y la Corte decide que no tiene jurisdicción para escuchar el caso o que el caso es inadmisible, el procedimiento puede terminar sin que se considere el fondo del asunto.

En general, las excepciones preliminares en la Corte Internacional de Justicia (CIJ) están destinadas a ser resueltas antes de pasar a la consideración del fondo del caso. El propósito de una excepción preliminar es plantear cuestiones que, si se aceptan, pueden hacer innecesario que la Corte llegue al fondo del asunto.

Sin embargo, existen situaciones en las que una excepción preliminar puede quedar "unida al fondo" del caso. Esto sucede cuando la Corte determina que la cuestión planteada en la excepción preliminar no puede decidirse sin entrar en el fondo del asunto.

Por ejemplo, si una excepción preliminar se refiere a la admisibilidad del caso y la Corte considera que la cuestión de la admisibilidad está intrínsecamente vinculada a las cuestiones de mérito que se deben decidir en el caso, puede unir la excepción preliminar al fondo. En tales casos, la Corte no tomará una decisión sobre la excepción preliminar en una etapa temprana del procedimiento, sino que lo hará en su sentencia final sobre el fondo del caso.

7.30: Falso. De acuerdo con el artículo 53 del Estatuto de la CIJ, la Corte puede continuar con el caso y emitir una sentencia incluso si una parte no comparece.

7.31: a) Interposición de un recurso de apelación.

7.32: La CIJ afirmó que sus medidas provisionales tienen efectos vinculantes y obligatorios para las partes involucradas en el caso (ver la sentencia del 27 de junio de 2001, §102).

7.33: Respuesta: b) Intereses de carácter jurídico que pueden verse afectados por la decisión.

7.34: Respuesta: Verdadero.

7.35: a) La CIJ tiene jurisdicción para decidir sobre su propia jurisdicción en un caso.

7.36: c) Que la parte solicitante presente hechos nuevos, previamente desconocidos.

7.37: Verdadero en caso que no esté representado ya una juez de su nacionalidad.

7.38: b) La Asamblea General de las Naciones Unidas. Según el Artículo 96 de la Carta de las Naciones Unidas y el Artículo 65 del Estatuto de la Corte Internacional de Justicia (CIJ), los siguientes órganos y agencias pueden solicitar dictámenes consultivos de la CIJ:

1. La Asamblea General de las Naciones Unidas puede solicitar a la CIJ que emita un dictamen consultivo sobre cualquier cuestión jurídica.

2. El Consejo de Seguridad de las Naciones Unidas también puede solicitar dictámenes consultivos sobre cualquier cuestión jurídica.

3. Otros órganos de las Naciones Unidas y las agencias especializadas pueden solicitar dictámenes consultivos de la CIJ sobre cuestiones jurídicas que surjan dentro del ámbito de sus actividades, pero esto requiere una autorización previa de la Asamblea General de las Naciones Unidas. Por lo tanto, la Asamblea General tiene la potestad de autorizar a estos órganos y agencias para que puedan hacer tales solicitudes.

Por lo tanto, las entidades que pueden solicitar un dictamen consultivo de la CIJ incluyen la Asamblea General de las Naciones Unidas, el Consejo de Seguridad de las Naciones Unidas, y otros órganos y agencias especializadas de las Naciones Unidas, como la Organización Mundial de la Salud (OMS) y la Organización Internacional del Trabajo (OIT), siempre que hayan sido autorizadas para hacerlo por la Asamblea General.

7.39: Verdadero (ver por ejemplo la Opinión Consultiva sobre la Consecuencia Legal de la Construcción de una Pared en el Territorio Palestino Ocupado, párr. 44).

7.40: b) Proporcionar una interpretación legal autorizada.

7.41: Verdadero

7.42: Respuesta: d) Artículo 61

7.43: Verdadero

7.44: Respuesta sugerida: El caso *LaGrand* (Alemania vs. Estados Unidos) ante la Corte Internacional de Justicia (CIJ) trató varias cuestiones importantes, entre las que se encontraba un aspecto significativo relacionado con las medidas provisionales.

La cuestión específica que la Corte abordó en relación con las medidas provisionales fue la obligación de los Estados de cumplir con las medidas provisionales indicadas por la CIJ. En este caso, la CIJ había indicado medidas provisionales que requerían que los Estados Unidos "tomen todas las medidas a su disposición para asegurar que Walter *LaGrand* no sea ejecutado en espera de la decisión final de la Corte". Sin embargo, los Estados Unidos ejecutaron a Walter *LaGrand* antes de que la Corte pudiera dar su decisión final.

La CIJ concluyó en su sentencia que las medidas provisionales indicadas por la Corte tienen carácter obligatorio y que los Estados tienen la obligación de cumplir con ellas. Esta sentencia tuvo un impacto significativo en el derecho internacional, ya que aclaró la obligatoriedad de las medidas provisionales en el marco de los procedimientos ante la CIJ.

7.45: 1-b, 2-c, 3-a

7.46: c) Artículos 62 y 63

7.47: Restitución - d) Restaurar la situación que existía antes de que se produjera la violación del derecho internacional.
Indemnización - b) Compensación financiera que se paga al Estado o a la organización internacional que ha sufrido una pérdida como resultado de la violación del derecho internacional.
Satisfacción - c) Reconocimiento de la violación y aceptación de la responsabilidad por parte del Estado infractor.
Garantías de no repetición - a) Medidas que el Estado infractor debe tomar para evitar que se repita la violación del derecho internacional en el futuro.

Capítulo 8: Derecho del Mar

8.1: c) 1994

8.2: Verdadero. Las líneas de base, desde las cuales se mide la extensión del mar territorial, normalmente son la línea de bajamar a lo largo de la costa, como se indica en las cartas náuticas oficiales del Estado costero. Sin embargo, en ciertos casos, como en las bahías o entre islas de un archipiélago, la Convención permite que se dibuje una línea de base recta.

8.3: Si elegiste a) o c) estas en lo cierto, dependiendo del caso.

La zona económica exclusiva (ZEE) de un estado costero puede extenderse hasta 200 millas náuticas desde sus líneas de base desde donde se mide la anchura del mar territorial. Dentro de la ZEE, el estado costero tiene derechos especiales para explorar y explotar, y para conservar y administrar los recursos naturales, tanto vivos como no vivos, en las aguas suprayacentes al lecho marino y en su subsuelo, así como para producir energía a partir del agua, las corrientes y los vientos.

La opción c), la plataforma continental, también puede estar muy alejada de la costa, y en algunos casos puede extenderse más allá de la ZEE, hasta 350 millas náuticas desde la línea de base en ciertos casos específicos, como cuando el lecho del mar se extiende a grandes distancias de la costa. Sin embargo, en la mayoría de los casos, la ZEE será la zona marítima que llegue más lejos de la costa.

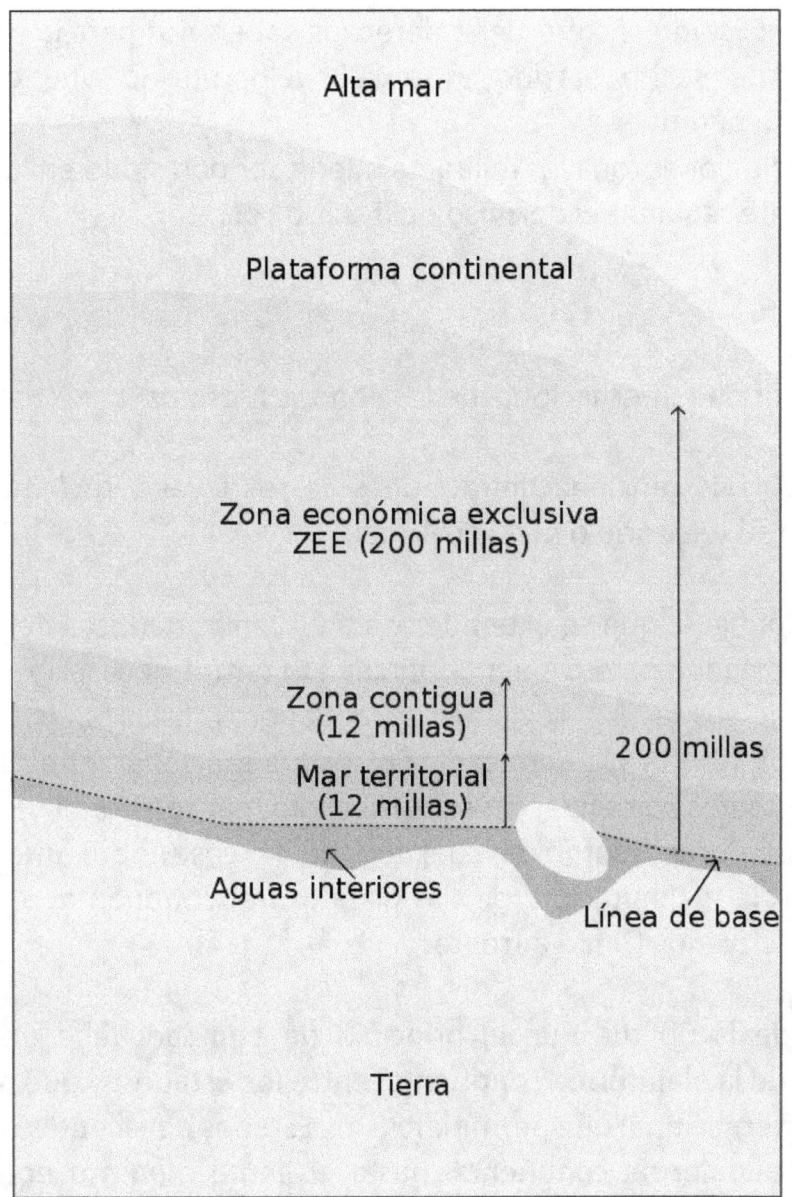

8.4: d) La realización de investigaciones científicas marinas por parte de cualquier Estado con el consentimiento expreso del Estado costero.

La Convención de las Naciones Unidas sobre el Derecho del Mar permite la realización de investigaciones científicas marinas en la Zona Económica Exclusiva (ZEE) de un Estado costero con su consentimiento expreso.

Las otras opciones no son correctas en el contexto de la ZEE según la Convención:

a) El paso inocente se aplica a las aguas territoriales, no a la ZEE.

b) En la ZEE, el Estado costero tiene derechos soberanos para la explotación de los recursos del lecho marino y su subsuelo, por lo que otros Estados necesitarían su permiso.

c) El sobrevuelo por aeronaves militares puede ser permitido en la ZEE, pero no necesariamente requiere el permiso del Estado costero.

8.5: Verdadero

8.6: a) La Autoridad Internacional de los Fondos Marinos

8.7: b) Derecho de sancionar infracciones de sus leyes y reglamentos fiscales cometidas en su territorio o mar territorial.

En su Zona Contigua, que se extiende hasta 24 millas náuticas desde sus líneas de base, un estado costero puede ejercer el control necesario para prevenir infracciones de sus leyes y reglamentos aduaneros, fiscales, de inmigración o sanitarios en su territorio o mar territorial, y para sancionar infracciones de esas leyes y reglamentos cometidas en su territorio o mar territorial.
Respuesta: La Corte abordó la cuestión de la costumbre internacional en relación con la delimitación de la plataforma continental entre Estados adyacentes o situados frente a frente.

La decisión de la CIJ fue que el principio de equidad debe utilizarse en la delimitación de la plataforma continental entre los Estados, y que no existía una costumbre internacional que permitiera a los Estados adyacentes o enfrentados extender su plataforma continental hasta el límite medio o equidistante sin tener en cuenta las circunstancias especiales del caso.

Por lo tanto, la CIJ rechazó la idea de la equidistancia como norma de derecho internacional consuetudinario y afirmó que la delimitación de la plataforma continental debe realizarse de acuerdo con el principio de equidad.

8.8: Respuestas:

1-B, 2-A

8.9: Verdadero

8.10: c) El paso por los estrechos está sujeto a un régimen especial de paso en tránsito, que permite a los buques y aeronaves extranjeras una mayor libertad de navegación.

Este régimen, conocido como "paso en tránsito", permite a los buques y aeronaves de todos los Estados, ya sean costeros o sin litoral, pasar por los estrechos para la continuación de su viaje en el menor tiempo posible sin detenerse ni desviarse. Este derecho es menos restrictivo que el derecho de "paso inocente" que se aplica a las aguas territoriales. Sin embargo, el Estado costero puede adoptar leyes y reglamentos en una serie de áreas específicas, incluyendo la seguridad de la navegación y la prevención de la contaminación.

8.11: c) El paso por los estrechos está sujeto a un régimen especial de paso en tránsito, que permite a los buques y aeronaves extranjeras una mayor libertad de navegación.

Este régimen, conocido como "paso en tránsito", permite a los buques y aeronaves de todos los Estados, ya sean costeros o sin litoral, pasar por los estrechos para la continuación de su viaje en el menor tiempo posible sin detenerse ni desviarse. Este derecho es menos restrictivo que el derecho de "paso inocente" que se aplica a las aguas territoriales. Sin embargo, el Estado costero puede adoptar leyes y reglamentos en una serie de áreas específicas, incluyendo la seguridad de la navegación y la prevención de la contaminación.

8.12: Esta respuesta es un poco capciosa. Una combinación de las opciones a) y c). Según la Convención de las Naciones Unidas sobre el Derecho del Mar (UNCLOS), la plataforma continental de un Estado costero se extiende hasta 200 millas náuticas desde las líneas de base desde las cuales se mide la anchura del mar territorial. Sin embargo, la UNCLOS también permite a los Estados costeros extender su plataforma continental más allá de las 200 millas náuticas hasta el borde exterior del margen continental, pero no más de 350 millas náuticas desde las líneas de base, o no más de 100 millas náuticas más allá de la isobata de 2.500 metros.

8.13: Respuesta: Falso

8.14: c) 200 millas náuticas desde las líneas de base.

8.15: c) Derechos soberanos para explorar y explotar los recursos naturales.

8.16: Verdadero

8.17: a) Supervisar y regular la exploración y explotación de los recursos minerales del fondo marino en la Zona

8.18: Respuesta sugerida: Según la Convención de las Naciones Unidas sobre el Derecho del Mar (UNCLOS), un Estado costero tiene poderes variados en sus diferentes zonas marítimas:

1. En el mar territorial, que se extiende hasta 12 millas náuticas desde la línea de base del Estado costero, este último tiene plena soberanía, incluyendo poderes de policía. Sin embargo, este poder está sujeto al derecho de paso inocente de los buques extranjeros.

2. En la zona contigua, que se extiende hasta 24 millas náuticas desde las líneas de base, el Estado costero puede ejercer el control necesario para prevenir y sancionar las infracciones a sus leyes y reglamentos aduaneros, fiscales, de inmigración o sanitarios cometidos dentro de su territorio o mar territorial.

3. En la zona económica exclusiva (ZEE), que se extiende hasta 200 millas náuticas desde las líneas de base, el Estado costero tiene
derechos soberanos para la exploración, explotación, conservación y gestión de los recursos naturales, tanto vivos como no vivos. Sin embargo, no tiene plena soberanía y, por lo tanto, su poder de policía se limita a la regulación de estas actividades y a la protección y preservación del medio ambiente marino. Los demás estados gozan de la libertad de navegación y sobrevuelo, así como de la libertad de tender cables y tuberías submarinas, sujeto al cumplimiento de las leyes y reglamentos del estado costero relacionados con la ZEE y los derechos y deberes establecidos en la convención.

8.19: a) Libertad de navegación y libertad de pesca. La Convención de las Naciones Unidas sobre el Derecho del Mar reconoce varias libertades en la alta mar, incluyendo la libertad de navegación, la libertad de pesca, la libertad de tender cables y tuberías submarinas, y la libertad de investigación científica marina. Sin embargo, no permite a los Estados establecer zonas económicas exclusivas en la alta mar, reclamar soberanía sobre áreas específicas de la alta mar, o prohibir el paso de buques extranjeros en la alta mar.

8.20: Verdadero

8.21: b) 24 millas náuticas desde las líneas de base

8.22: Falso

8.23: A) - El estado que ejerce el derecho de visita debe tener una sospecha razonable de que el barco está involucrado en la piratería. Según el Artículo 110 de la UNCLOS, un buque de guerra que tenga sospechas razonables puede abordar un barco extranjero en alta mar si se sospecha que el barco está involucrado en la piratería, en la esclavitud, está sin nacionalidad, o si se transmite por radio en el mar una señal de socorro.

8.24: Respuesta Sugerida: Según la Convención de las Naciones Unidas sobre el Derecho del Mar, la distinción entre un "paso inocente" y un "paso no inocente" se basa en la naturaleza de las actividades que realiza una nave mientras navega por el mar territorial de un estado costero. El Artículo 19 de la UNCLOS enumera una serie de actividades que, si se llevan a cabo durante el paso por el mar territorial, harán que ese paso no sea inocente. Estas incluyen amenazas o uso de la fuerza, ejercicios de armas o de cualquier otro dispositivo, recolección de información, propaganda, lanzamiento, aterrizaje o embarque de cualquier dispositivo militar, la investigación o levantamiento, la pesca, la contaminación y otros.

8.25: Respuesta sugerida: a. Aduaneras, fiscales, de inmigración o sanitarias

8.26: a) Regular las actividades de exploración y explotación de los recursos minerales de los fondos marinos y oceánicos

8.27: Verdadero

8.28: a) Resolver disputas entre Estados relacionadas con la interpretación y aplicación de la Convención.

8.29: Verdadero

8.30: a) Solo para fines pacíficos. La Convención de las Naciones Unidas sobre el Derecho del Mar (UNCLOS) estipula en su artículo 88 que la alta mar se reserva para fines pacíficos. Aunque la UNCLOS no prohíbe explícitamente usos comerciales o científicos en estas áreas, el principio de que se utilicen "para fines pacíficos" es el que rige predominantemente. Así, se da prioridad a las actividades pacíficas y se busca evitar cualquier tipo de hostilidad o uso militar agresivo en estas áreas.

8.31: Verdadero. Según la Convención de las Naciones Unidas sobre el Derecho del Mar (UNCLOS), la piratería es considerada un acto criminal y todos los Estados tienen la jurisdicción para aprehender y enjuiciar a los piratas. Específicamente, los artículos 100 a 107 y el artículo 110(b) de la UNCLOS abordan el problema de la piratería y establecen el derecho de visita y la jurisdicción universal en tales casos. Estos artículos estipulan que todos los Estados cooperarán al máximo para reprimir la piratería en la alta mar o en cualquier otro lugar fuera de la jurisdicción de cualquier Estado.

8.32: c) El buque perseguido debe ser de la misma nacionalidad que el Estado que ejerce la persecución.

8.33: c) Emitir licencias de pesca en la alta mar

8.34: d) Todas las anteriores

8.35: c) Se extiende hasta 24 millas náuticas desde la línea de base del territorio del Estado. La Zona Contigua es un área marítima que se extiende desde el límite exterior del mar territorial hasta un máximo de 24 millas náuticas desde las líneas de base a partir de las cuales se mide la anchura del mar territorial. Dentro de su Zona Contigua, un Estado costero puede ejercer el control necesario para: prevenir infracciones de sus leyes y reglamentos aduaneros, fiscales, de inmigración o sanitarios en su territorio o mar territorial; y castigar infracciones de los anteriores cometidas en su territorio o mar territorial. Además, como la Zona Contigua se encuentra dentro de la Zona Económica Exclusiva, el Estado costero también puede ejercer allí los derechos de exploración y explotación de los recursos naturales.

8.36: c) Libertad de construir instalaciones artificiales. La Convención de las Naciones Unidas sobre el Derecho del Mar (UNCLOS) no otorga libertad para construir instalaciones artificiales en la alta mar. Las libertades garantizadas en la alta mar incluyen la libertad de navegación, la libertad de pesca, la libertad de tender cables y tuberías submarinas, la libertad de volar sobre la alta mar, y la libertad de investigación científica marina, entre otras, pero todas ellas sujetas a las condiciones y obligaciones establecidas en la Convención.

8.37: Respuesta: d) Todas las anteriores

8.38: Respuesta: Verdadero

8.39: d) 12, 24, 200 y 350 millas náuticas. Los estados pueden establecer su mar territorial hasta 12 millas náuticas, la zona contigua puede extenderse hasta 24 millas náuticas, la zona económica exclusiva y la plataforma continental se extienden hasta 200 millas náuticas y, bajo ciertas condiciones relacionadas con la extensión física del margen continental, el estado puede ejercer derechos sobre el lecho marino y su subsuelo hasta 350 millas náuticas.

8.40: Respuesta: Mar territorial

8.41: Respuestas sugeridas:
1-a, 2-d, 3-b, 4-e, 5-c

8.42: Respuesta: Verdadero

8.43: Respuesta: Zona económica exclusiva (ZEE)

8.44: Respuesta: Verdadero
8.45: Respuesta: c) Basado en principios equitativos

8.46: Respuesta: Falso

Respuesta: Principio de equidistancia

Capítulo 9: Protección Diplomática

9.1: C)

9.2: Verdadero

9.3: a-2, b-4, c-1, d-3

9.4: Respuesta sugerida: En el caso de Barcelona Traction (Bélgica v. España), la Corte Internacional de Justicia (CIJ) decidió a favor de España. Bélgica había intentado ejercer la protección diplomática en nombre de los accionistas belgas de la empresa Barcelona Traction, que había sido declarada en quiebra por un tribunal español.

La CIJ determinó que Bélgica no tenía derecho a ejercer la protección diplomática en este caso. La razón principal fue que Barcelona Traction era una empresa constituida en Canadá, por lo que cualquier protección diplomática debería haber sido realizada por Canadá, y no por Bélgica.

En relación con el principio de la nacionalidad efectiva, la decisión de la CIJ sugiere que el Estado de nacionalidad de una empresa (en este caso, Canadá) es el que tiene derecho a ejercer la protección diplomática, y no necesariamente el Estado de nacionalidad de los accionistas de la empresa (en este caso, Bélgica).

El caso subraya el principio de que en el derecho internacional, las empresas son entidades separadas de sus accionistas, y el Estado de nacionalidad de la empresa es el que tiene derecho a ejercer la protección diplomática en caso de que los derechos de la empresa sean violados. Por tanto, la nacionalidad efectiva de la empresa, y no necesariamente la de sus accionistas, es la relevante para los propósitos de la protección diplomática.

9.5: c) Proteger los derechos del Estado y del individuo detenido.

9.6: Falso. Las inmunidades diplomáticas y consulares pueden ser renunciadas por el Estado que las otorga.

9.7: a-1, b-2, c-3, d-4

9.8: Respuesta sugerida: La protección diplomática es un mecanismo por el cual un Estado puede reclamar reparación en nombre de uno de sus nacionales por una lesión causada por otro Estado. Esta lesión puede haber sido el resultado de una violación de las normas internacionales. El Estado nacional del individuo lesionado puede tomar varias acciones para ejercer la protección diplomática, que incluyen desde la negociación y el intercambio de notas diplomáticas hasta el arbitraje y el litigio ante un tribunal internacional como la Corte Internacional de Justicia. Es importante destacar que el derecho de ejercer la protección diplomática es un derecho del Estado y no del individuo.

9.9: Respuesta sugerida: En este caso, el País A tendría derecho a ejercer la protección consular en favor de su nacional detenido en el País B. La falta de notificación y asistencia consular viola el artículo 36 de la Convención de Viena sobre Relaciones Consulares. El País A podría considerar ejercer la protección diplomática en favor de su nacional si se han agotado todos los recursos legales internos en País B y se considera que el tratamiento del nacional viola las normas del derecho internacional.

9.10: Respuesta sugerida:

En los casos de protección diplomática, el estado puede buscar varios tipos de reparación en nombre de sus nacionales que han sufrido perjuicios como resultado de un acto ilícito internacional. Estos pueden incluir:

1. Restitución: Restaurar la situación al estado que existía antes del acto ilícito, siempre que sea posible.

2. Indemnización: Si la restitución no es posible o suficiente, el estado puede buscar una compensación monetaria por el daño causado.

3. Satisfacción: Esto puede incluir una disculpa, el reconocimiento de la violación, o la promesa de abstenerse de realizar acciones similares en el futuro.

Para buscar dicha reparación, un estado puede utilizar una variedad de medios, incluyendo la negociación con el estado infractor, el recurso a la mediación o arbitraje, o la presentación de una demanda ante un tribunal o corte internacional. En todo momento, el estado que busca la reparación debe actuar de conformidad con las normas y principios del derecho internacional.

9.11: Respuesta: Verdadero. La protección diplomática generalmente requiere que un nacional haya agotado todos los recursos legales internos antes de que el Estado pueda intervenir en su nombre.

9.12: Respuesta sugerida: Un Estado puede ejercer la protección diplomática en favor de una persona jurídica si se cumplen las siguientes condiciones: 1) la persona jurídica es de nacionalidad del Estado que busca ejercer la protección diplomática (determinado por el lugar en que se constituyó); 2) la persona jurídica ha agotado los recursos legales internos disponibles en el Estado receptor, a menos que se demuestre que estos recursos son inadecuados o ineficaces; 3) el Estado que ejerce la protección diplomática tiene un interés legal en el caso; y 4) la persona jurídica ha sufrido un daño causado por un acto ilícito del Estado receptor que viola las normas del derecho internacional.

9.13: Respuesta sugerida: El País X puede tomar varias acciones en relación con la protección consular y la protección diplomática. En primer lugar, el País X puede presentar una queja formal al País Y por no cumplir con su obligación de notificar sobre la detención del nacional de País X en virtud del artículo 36 de la Convención de Viena sobre Relaciones Consulares. Además, el País X puede solicitar acceso consular inmediato a su nacional detenido y exigir que se le brinde asistencia consular, como visitas regulares, asesoría legal y comunicación con su familia.

En relación con la protección diplomática, el País X puede considerar ejercer esta protección en favor de su nacional si se han agotado todos los recursos legales internos en el País Y y se considera que el tratamiento del nacional viola las normas del derecho internacional. Sin embargo, el País X debe tener en cuenta que el ejercicio de la protección diplomática generalmente requiere que el nacional haya agotado todos los recursos legales internos antes de que el Estado pueda intervenir en su nombre. Si el nacional no ha agotado todos los recursos legales internos, el País X puede estar limitado en su capacidad para ejercer la protección diplomática en este momento.

9.14: Falso. El ejercicio de la protección diplomática no se considera una intervención en los asuntos internos de otro Estado si se lleva a cabo de conformidad con las normas y principios del derecho internacional.

9.15: Respuesta sugerida: Un nacional se considera que ha agotado los recursos legales internos de un Estado cuando ha llevado su caso a través de todas las instancias de apelación disponibles en el sistema legal del Estado receptor, o si se ha demostrado que los recursos disponibles son inadecuados o ineficaces. Además, puede haber excepciones a la regla de agotamiento de los recursos internos en casos donde el acceso a estos recursos se demore injustificadamente o si se niega de manera arbitraria.

9.16: Respuesta sugerida: El País B puede invocar la Convención de Viena sobre Relaciones Consulares de 1963, que establece los derechos y obligaciones en lo que respecta al acceso consular. El País B puede presentar una nota verbal al País A solicitando acceso consular y recordando al País A sus obligaciones bajo la Convención. Si el País A sigue negando el acceso consular, el País B podría considerar elevar el asunto a través de canales diplomáticos o buscar una solución pacífica de controversias, como negociaciones, mediación o incluso llevar el caso ante un tribunal internacional competente, como la Corte Internacional de Justicia.

9.17: c) Visitar a un nacional detenido y garantizar que se respeten sus derechos.

9.18: Respuesta: Falso. Según el principio de la nacionalidad efectiva, un Estado normalmente no puede ejercer la protección diplomática en nombre de un nacional si este nacional también posee la nacionalidad del Estado receptor. Este principio busca evitar conflictos de intereses y garantizar que el Estado que tiene una relación más efectiva y duradera con el individuo sea el que ejerza la protección. Sin embargo, hay excepciones a este principio, y la posibilidad de ejercer la protección diplomática puede depender de los detalles específicos de cada caso. No obstante, sí puede escoger a cual Estado pedir la interposición contra un tercer Estado.

9.19: Respuesta: Falso. Aunque la protección diplomática y consular se aplica principalmente a los ciudadanos, también puede extenderse a las personas jurídicas, como las corporaciones, en ciertas circunstancias, especialmente cuando los intereses de la corporación en el extranjero están siendo afectados de manera que infringe el derecho internacional

9.20: Respuesta sugerida: b) La protección de los intereses de un Estado y sus nacionales en el territorio de otro Estado

9.21: Respuesta sugerida: La protección diplomática se refiere al ejercicio de la acción de un Estado en favor de sus nacionales cuyos derechos han sido violados por otro Estado. Por otro lado, la protección consular implica la protección y asistencia a los nacionales del Estado en el extranjero, incluida la ayuda legal y administrativa, pero no necesariamente la defensa de los derechos de sus nacionales frente a otro Estado.

9.22: Falso. La protección diplomática es un derecho que un Estado ejerce en favor de sus nacionales, y no es un derecho que los nacionales puedan exigir a su propio Estado.

9.23: Respuesta sugerida: El caso *LaGrand* (Alemania c. Estados Unidos) se originó cuando dos ciudadanos alemanes, los hermanos *LaGrand,* fueron condenados a muerte en Estados Unidos sin haber sido notificados de su derecho a recibir asistencia consular, según lo estipulado en la Convención de Viena sobre Relaciones Consulares. Alemania presentó el caso ante la CIJ, alegando que Estados Unidos había violado las obligaciones establecidas en la Convención y solicitando medidas provisionales para detener la ejecución de los hermanos *LaGrand.*

La CIJ decidió que Estados Unidos había violado sus obligaciones bajo la Convención de Viena al no notificar a los hermanos *LaGrand* de su derecho a la asistencia consular y al no informar a las autoridades consulares alemanas de su detención. Además, la CIJ sostuvo que la protección diplomática, en este caso, era aplicable, ya que Alemania estaba ejerciendo sus derechos en virtud de la Convención de Viena sobre Relaciones Consulares en nombre de sus nacionales.

9.24: Respuesta sugerida:

Hay varias condiciones que deben cumplirse para que un Estado pueda ejercer la protección diplomática en nombre de uno de sus nacionales. Estas son:

1. Existencia de una nacionalidad efectiva: Según el derecho internacional, un Estado solo puede ejercer la protección diplomática en nombre de personas que sean sus nacionales. Esto implica que debe existir un vínculo efectivo de nacionalidad entre la persona y el Estado que busca ejercer la protección

diplomática. Además, este vínculo debe existir tanto en el momento en que ocurrió la lesión como en el momento de presentar la reclamación.

2. Denegación de justicia: Antes de que un Estado pueda ejercer la protección diplomática, se debe demostrar que el Estado donde ocurrió el perjuicio ha denegado justicia. Esto normalmente implica que se han agotado todos los recursos locales disponibles para buscar reparación dentro del Estado que cometió el acto ilícito.

3. Acto ilícito internacional: La protección diplomática generalmente solo puede ejercerse en respuesta a un acto internacionalmente ilícito. Esto significa que el Estado en cuestión debe haber violado el derecho internacional de una manera que resultó en un perjuicio para el nacional del Estado que busca ejercer la protección diplomática.

4. Perjuicio directo: El acto ilícito debe haber causado un perjuicio directo al nacional del Estado que busca ejercer la protección diplomática. Esto normalmente requiere una prueba de que el nacional sufrió algún tipo de daño como resultado directo del acto ilícito.

Estas condiciones sirven para asegurar que la protección diplomática se utilice de manera justa y equitativa en la comunidad internacional y para prevenir su abuso.

9.25: Respuesta: Falso. Si bien es cierto que las violaciones graves de los derechos humanos pueden justificar el ejercicio de la protección diplomática por parte de un Estado en favor de sus nacionales, no es la única circunstancia en la que se puede ejercer la protección diplomática. Según el derecho internacional, un Estado puede ejercer la protección diplomática en cualquier circunstancia en la que un nacional suyo haya sufrido un perjuicio como resultado de un acto internacionalmente ilícito cometido por otro Estado, siempre y cuando se cumplan ciertas condiciones, como la existencia de una nacionalidad efectiva, la denegación de justicia, y el hecho de que el perjuicio sea directo.

9.26: Respuestas:
a) Excepción de falta de reciprocidad - 2) Un argumento presentado por un Estado para negar la protección diplomática a un nacional extranjero alegando

que el Estado del nacional no otorgaría protección similar en circunstancias equivalentes.

b) Calvo Clause - 1) Una disposición contractual que establece que un inversor extranjero renuncia a su derecho a solicitar la protección diplomática de su Estado de origen en relación con una inversión en el Estado receptor.

9.27: Respuesta sugerida: c) Representación de un Estado ante otro en relaciones diplomáticas. La representación de un Estado ante otro en relaciones diplomáticas es una función de los embajadores y las embajadas, no de los consulados. Los consulados y los cónsules proporcionan asistencia a los nacionales de su país en el país anfitrión, pero no participan en las relaciones diplomáticas entre los dos Estados.

9.28: Respuesta:
a)-2)
b)-3)
c)-1)

Capítulo 10: Inmunidad de Jurisdicción

10.1: d) Todas las anteriores. En el derecho internacional, existen diferentes tipos de inmunidades, cada una con un propósito específico. La inmunidad de jurisdicción y ejecución protege a los Estados de ser juzgados o sujetos a la ejecución de un fallo en los tribunales de otro Estado. La inmunidad diplomática y consular protege a los funcionarios diplomáticos y consulares, respectivamente, de la jurisdicción del Estado receptor. La inmunidad soberana y de los jefes de Estado protege a los Estados y a sus jefes de Estado del juicio y enjuiciamiento en tribunales extranjeros.

10.2: Respuesta sugerida: La inmunidad de jurisdicción protege a un Estado o a ciertos individuos de ser sometidos a la jurisdicción de los tribunales de otro Estado. Por otro lado, la inmunidad de ejecución protege a un Estado o a ciertos individuos de la ejecución de una sentencia en su contra por parte de un tribunal extranjero.

10.3: Falso. Aunque los jefes de Estado generalmente gozan de inmunidad ante tribunales extranjeros, existen excepciones en casos de crímenes internacionales, como genocidio, crímenes de guerra y crímenes de lesa humanidad si es investigado por la Corte Penal Internacional.

10.4: Respuesta sugerida: De acuerdo con la Convención de Viena sobre Relaciones Diplomáticas, los requisitos para invocar la inmunidad diplomática son:

1) El individuo debe ser un diplomático reconocido: Esto incluye a los embajadores, ministros, encargados de negocios, y otros miembros de la misión diplomática que tienen un rango diplomático.

2) La inmunidad debe estar conectada a las funciones oficiales: La inmunidad diplomática se aplica a actos realizados por diplomáticos en el ejercicio de sus funciones oficiales. Esto significa que un diplomático tiene inmunidad cuando las acciones para las que se solicita inmunidad están dentro de las funciones oficiales del diplomático, según lo definido por la práctica internacional y la ley del Estado acreditante. Este es un punto delicado ya que no siempre es fácil discernir entre actividades que son parte del rol oficial del diplomático y aquellas que son de naturaleza privada.

3) La inmunidad empieza y termina con el puesto: La inmunidad diplomática comienza cuando el diplomático llega al Estado receptor para asumir sus funciones y termina cuando la persona deja su puesto o cuando termina su misión.

Es importante recordar que la inmunidad diplomática se estableció para asegurar la eficaz ejecución de las funciones de las misiones diplomáticas como representantes de los Estados. No está destinada a otorgar impunidad para actividades ilícitas. En caso de abuso de la inmunidad diplomática, el Estado acreditante tiene la responsabilidad de renunciar a la inmunidad del diplomático en cuestión o tomar medidas apropiadas para abordar la conducta ilícita.

10.5: Respuesta sugerida: La CIJ decidió que el Ministro de Asuntos Exteriores del Congo gozaba de inmunidad ante la jurisdicción de Bélgica mientras estuviera en funciones. La Corte sostuvo que los ministros de asuntos exteriores gozan de inmunidad total frente a la jurisdicción de otro Estado por actos realizados en el ejercicio de sus funciones, independientemente de la gravedad de los delitos de los que se les acuse.

10.6: b) Actos iure imperii

10.7: Respuesta sugerida: La principal razón es garantizar el ejercicio eficiente de sus funciones y permitirles llevar a cabo sus actividades diplomáticas sin interferencia o temor a represalias por parte del Estado receptor. La inmunidad también contribuye a mantener relaciones pacíficas y constructivas entre Estados.

10.8: Verdadero. Las propiedades y bienes de las misiones diplomáticas en el Estado receptor están protegidos y no pueden ser objeto de expropiación, registro, requisa o ejecución.

10.9: Respuesta sugerida:

En el caso de la Inmunidad Jurisdiccional del Estado (Alemania vs. Italia), la Corte Internacional de Justicia (CIJ) sostuvo que el principio de inmunidad de jurisdicción de un Estado prevalece incluso en casos de alegaciones de violaciones graves de derechos humanos. En este caso, Italia había permitido demandas contra Alemania por violaciones de derechos humanos cometidas por las fuerzas armadas alemanas durante la Segunda Guerra Mundial. Alemania argumentó que como Estado, tenía inmunidad de jurisdicción ante los tribunales italianos.

La CIJ concluyó que el principio de inmunidad de jurisdicción de los Estados es un pilar fundamental del derecho internacional y no puede ser desestimado por los tribunales nacionales, incluso en casos de alegaciones de violaciones graves de los derechos humanos. La CIJ sostuvo que ningún estado puede ejercer su jurisdicción en su territorio para juzgar a otro estado, a menos que el estado acusado consienta o exista una excepción a la inmunidad estatal reconocida en el derecho internacional.

Por lo tanto, la CIJ dictaminó a favor de Alemania, afirmando que los tribunales italianos no deberían haber asumido la jurisdicción en este caso. Según la CIJ, la inmunidad de jurisdicción de un estado no se ve afectada por la gravedad del acto en cuestión. La cuestión de la inmunidad estatal es una cuestión de soberanía y la gravedad de las alegaciones no puede afectarla.

10.10: Verdadero

Explicación: Las organizaciones internacionales generalmente gozan de inmunidad de jurisdicción, lo que les protege de ser demandadas ante tribunales nacionales. Sin embargo, esta inmunidad no es absoluta y puede ser restringida en ciertos casos, como cuando la organización misma renuncia a su inmunidad, o cuando un tribunal nacional considera que la inmunidad no es necesaria para el cumplimiento de los propósitos y funciones de la organización.

10.11: No es legal.

Explicación: Según el derecho internacional, los diplomáticos gozan de inmunidad personal y no pueden ser detenidos, arrestados ni procesados por el Estado receptor. La Convención de Viena sobre Relaciones Diplomáticas de 1961 establece claramente las protecciones e inmunidades que se otorgan a los diplomáticos, incluso en tiempos de conflicto armado. Además, el artículo 4 del Protocolo adicional I a los Convenios de Ginebra de 1949 establece que los diplomáticos no pueden ser considerados como combatientes y, por lo tanto, no pueden ser tratados como prisioneros de guerra. Retener a un diplomático como prisionero de guerra constituye una violación del derecho internacional.

10.12: Respuesta sugerida: Los términos "ius gestionis" e "iuris imperi" se refieren a diferentes tipos de actividades realizadas por un Estado.

Los actos de "iuris imperi" se refieren a los actos que un Estado realiza en el ejercicio de su autoridad soberana. Estos actos suelen estar protegidos por la inmunidad soberana, lo que significa que no pueden ser objeto de procedimientos legales en los tribunales de otro Estado. Ejemplos de estos actos pueden incluir la promulgación de leyes, el mantenimiento del orden público, y las actividades diplomáticas.

Por otro lado, los actos de "ius gestionis" se refieren a los actos comerciales o privados que un Estado puede realizar. Estos actos se consideran similares a los realizados por un individuo o una entidad privada, y por lo tanto, no están necesariamente protegidos por la inmunidad soberana. Ejemplos de estos actos pueden incluir la compra o venta de bienes, la contratación de empleados, o la participación en transacciones comerciales.

Es importante tener en cuenta que la distinción entre estos dos tipos de actos no siempre está clara y puede depender del contexto y de las leyes específicas del país en cuestión.

10.13: Respuesta sugerida: Los tribunales internacionales operan en el marco del derecho internacional y, por lo tanto, están exentos de la norma de inmunidad de jurisdicción. Cuando un estado se adhiere a la jurisdicción de un tribunal internacional, como la Corte Penal Internacional, está aceptando que la corte pueda juzgar a sus ciudadanos, incluyendo a sus líderes, por los crímenes enumerados en el estatuto del tribunal. Por lo tanto, los tribunales internacionales pueden juzgar a jefes de Estado y otros altos funcionarios gubernamentales a pesar de la inmunidad de jurisdicción.

10:14: Verdadero. Aunque los agentes diplomáticos gozan de inmunidad diplomática, esto no les otorga una carta blanca para violar las leyes o normas del Estado receptor. Si un agente diplomático se comporta de una manera que es inaceptable para el Estado receptor, este último tiene la opción de declararlo persona non grata y expulsarlo. Sin embargo, esta es una medida extrema que generalmente se reserva para las infracciones más graves.

10.15: Respuesta sugerida: La inmunidad de jurisdicción protege a los Estados de ser demandados en los tribunales de otro Estado. Mientras que la inmunidad de ejecución protege los activos estatales en otro Estado de ser confiscados o embargados en virtud de un fallo judicial. En otras palabras, la inmunidad de jurisdicción se relaciona con el inicio del procedimiento legal, mientras que la inmunidad de ejecución se aplica a la etapa posterior al juicio.

10.16: b) Los activos que son usados o destinados a ser usados en funciones gubernamentales (actos de iure imperii). La inmunidad de ejecución protege generalmente los activos que un Estado tiene en otro país y que son usados o destinados a ser usados en el ejercicio de funciones gubernamentales.

10:17: Respuesta sugerida:

En el caso Jurisdicciones Inmunidades del Estado (Alemania c. Italia: Grecia interviniendo), la Corte Internacional de Justicia confirmó la regla de la inmunidad de ejecución de los Estados. La Corte sostuvo que la regla de la inmunidad de ejecución es una norma de derecho internacional consuetudinario y no tiene excepciones para los actos de iure imperii, incluso en los casos de violaciones graves de los derechos humanos. Según la Corte, la ejecución de un bien estatal en territorio extranjero solo es posible si el Estado ha renunciado explícitamente a su inmunidad para ese bien en particular o si el bien está destinado al uso comercial en el extranjero.

Capítulo 11: Organizaciones Internacionales y la Organización de las Naciones Unidas

11.1: d) Discutir y coordinar políticas en asuntos de interés común

Explicación: La Asamblea General de las Naciones Unidas es un órgano deliberativo compuesto por todos los Estados miembros de la ONU. Su función principal es discutir y coordinar políticas en asuntos de interés común, como el desarrollo sostenible, la protección de los derechos humanos y la promoción de la paz y la seguridad. Aunque la Asamblea General no tiene poderes para aplicar sanciones o adjudicar disputas, sus resoluciones pueden tener un impacto significativo en la opinión pública internacional y en el desarrollo de normas y políticas internacionales. Vale aclarar que en términos generales sus resoluciones no tienen carácter vinculante sino recomendatorio.

11.2: Respuesta sugerida: El sistema de las Naciones Unidas se compone de seis órganos principales: la Asamblea General, el Consejo de Seguridad, el Consejo Económico y Social (ECOSOC), la Secretaría, la Corte Internacional de Justicia (CIJ) y el Consejo de Administración Fiduciaria.

1. La Asamblea General es el órgano más representativo, con todos los Estados miembros teniendo un voto. Actúa como foro para el debate internacional y toma decisiones sobre una variedad de temas.

2. El Consejo de Seguridad se ocupa de la paz y la seguridad internacionales. Tiene 15 miembros, cinco de los cuales son permanentes y tienen derecho a veto.

3. El ECOSOC coordina la labor económica y social de la ONU y sus agencias especializadas, y promueve los derechos humanos y las libertades fundamentales.

4. La Secretaría, liderada por el Secretario General, es el brazo administrativo de la ONU y lleva a cabo la labor diaria de la Organización.

5. La CIJ es el principal órgano judicial de la ONU y resuelve disputas legales entre los Estados miembros.

6. El Consejo de Administración Fiduciaria, aunque ahora inactivo, fue establecido para supervisar los territorios en fideicomiso y garantizar su transición a la independencia.

Cada uno de estos órganos tiene un papel específico en el cumplimiento de los objetivos de la ONU, y juntos contribuyen a la promoción de la paz, la justicia, los derechos humanos y el desarrollo social y económico.

11.3: Falso. El Secretario General de la ONU no tiene un voto en el Consejo de Seguridad y no tiene la capacidad de veto. Solo los cinco miembros permanentes del Consejo de Seguridad (China, Francia, Rusia, Reino Unido y Estados Unidos) tienen la capacidad de veto.

11.4: c) El Consejo de Seguridad puede autorizar el uso de la fuerza para mantener o restaurar la paz y la seguridad internacionales.

11.5: Respuesta sugerida: La "competencia implícita" se refiere a las facultades y responsabilidades que no se enumeran explícitamente en el tratado constitutivo de una organización internacional, pero que se consideran necesarias para que la organización cumpla con sus propósitos y objetivos. Estas facultades se derivan de las competencias explícitas otorgadas por el tratado y pueden incluir, por ejemplo, la capacidad de tomar decisiones o adoptar medidas en áreas que no están específicamente mencionadas en el tratado. Un ejemplo de competencia implícita es el caso de la Comunidad Europea de Energía Atómica (Euratom) y la adopción de medidas para garantizar la seguridad nuclear en la Unión Europea. Aunque el Tratado Euratom no establece explícitamente la competencia de la Comisión para adoptar medidas de seguridad nuclear, se considera que esta competencia es implícita, ya que es necesaria para cumplir con los objetivos del tratado en materia de energía nuclear. Algo similar sucede con el Consejo de Seguridad de las Naciones Unidas en las que no se mencionan explícitamente las facultades para la creación de tribunales penales ad-hoc como los oportunamente creados en la ex Yugoslavia o Ruanda. No obstante, la creación de dichos tribunales han sido importantes procesos para reconstruir la paz en la región.

11.6: Verdadero

Explicación: El Consejo de Seguridad de las Naciones Unidas es el órgano principal de la ONU responsable de mantener la paz y la seguridad internacionales. Según el Capítulo VII de la Carta de las Naciones Unidas, el Consejo de Seguridad tiene el poder exclusivo para autorizar el uso de la fuerza en situaciones de amenaza a la paz, ruptura de la paz o acto de agresión. Si el Consejo de Seguridad determina que existe una amenaza a la paz, puede adoptar medidas no militares, como sanciones económicas, o, si es necesario, medidas militares, como el uso de la fuerza o la autorización de operaciones de mantenimiento de la paz.

11.7:
A - 4
B - 3
C - 2
D - 1

11.8: b) La CIJ se ocupa de casos entre Estados, mientras que la CPI se ocupa de casos individuales de crímenes de guerra, crímenes contra la humanidad, genocidio y crímenes de agresión. La CIJ es el principal órgano judicial de la ONU y resuelve disputas legales entre los Estados miembros de la ONU.. La CPI es independiente de la ONU.

11.9: Falso. A diferencia de los Estados, que tienen una competencia general que les permite actuar en cualquier ámbito que no esté prohibido por su propia constitución o por el derecho internacional, las organizaciones internacionales solo tienen las competencias que les son conferidas expresamente por sus Estados miembros. Estas competencias pueden ser explícitas (establecidas en el tratado o acuerdo que constituye la organización) o implícitas (necesarias para el desempeño de las tareas establecidas en su mandato).

11.10: d) Puede referir cualquier situación en la que parezca haberse cometido crímenes que caen dentro de la jurisdicción de la CPI.

De acuerdo con el Estatuto de Roma de la CPI, el CSNU puede referir situaciones a la CPI en las que parezca haberse cometido crímenes que entran en la jurisdicción de la Corte, incluso si los presuntos crímenes se han cometido en un Estado que no es parte en el Estatuto de Roma. Esta capacidad del CSNU de referir situaciones a la CPI está establecida en el Artículo 13(b) del Estatuto de Roma. Este poder es independiente de la nacionalidad de los presuntos autores o del territorio en el que se haya cometido el supuesto crimen. Sin embargo, es importante recordar que cualquier decisión del CSNU para referir una situación a la CPI requiere el acuerdo de al menos nueve de los quince miembros del Consejo, y ninguno de los cinco miembros permanentes (China, Francia, Rusia, Reino Unido y Estados Unidos) debe vetar la decisión.

11.11: Respuesta: Verdadero. Las organizaciones internacionales tienen personalidad jurídica internacional, lo que les permite tener derechos y obligaciones en el ámbito internacional y entablar relaciones con otros sujetos del derecho internacional, incluidos los Estados y otras organizaciones internacionales. Vale destacar igualmente que esta personalidad jurídica es más limitada que los estados ya que su poder de actuación estará limitada por los instrumentos que le dieron existencia jurídica.

11.12: Respuesta sugerida: El principio de competencias implícitas sostiene que una organización internacional no solo tiene las competencias que se le confieren explícitamente en su constitución o acuerdo de creación, sino también aquellas competencias que se consideran implícitas o necesarias para realizar las tareas que se le han encomendado. Esto significa que una organización internacional puede asumir ciertas competencias no explícitamente mencionadas en su tratado constitutivo si son necesarias para cumplir su mandato. Este principio fue confirmado por la Corte Permanente de Justicia Internacional en el asunto relativo a la Competencia de la OIT para regular accesoriamente el trabajo personal del patrón.

11.13: Respuesta sugerida: El Consejo de Seguridad de la ONU puede adoptar medidas por medio de una resolución en virtud del Capítulo VI o VII de la Carta de las Naciones Unidas para mantener o restablecer la paz y la seguridad internacionales cuando constata la existencia de una amenaza a la paz, un quebrantamiento de la paz o un acto de agresión. Inicialmente, el Consejo de Seguridad puede intentar resolver la situación mediante medidas pacíficas, como la negociación, la mediación o la investigación. Si estas medidas no son efectivas, el Consejo de Seguridad puede adoptar medidas no militares, como sanciones económicas, embargos de armas o restricciones diplomáticas, para presionar a las partes en conflicto a poner fin a la hostilidad. Si estas medidas no militares tampoco son efectivas, el Consejo de Seguridad puede autorizar el uso de la fuerza para restablecer la paz y la seguridad internacionales. Todas las decisiones del Consejo de Seguridad en estos asuntos requieren el voto afirmativo de al menos nueve de sus quince miembros, sin que uno de los miembros permanentes vote en contra (China, Estados Unidos, Francia, Reino Unido y Rusia) ya que estos tienen derecho a veto.

11.14: Falso. La Carta de las Naciones Unidas no establece expresamente la posibilidad de que el Consejo de Seguridad autorice a un Estado a utilizar la fuerza en caso de legítima defensa. Sin embargo, el Artículo 51 de la Carta de las Naciones Unidas reconoce el derecho inherente de legítima defensa individual o colectiva en caso de un ataque armado contra un Estado miembro, hasta que el Consejo de Seguridad haya tomado las medidas necesarias para mantener la paz y la seguridad internacionales.

11.15: Respuesta sugerida: El Consejo Económico y Social de las Naciones Unidas (ECOSOC) desempeña un papel fundamental en la promoción de los Objetivos de Desarrollo Sostenible (ODS) al proporcionar un foro para el debate y la coordinación de políticas económicas y sociales entre los Estados miembros y otros actores clave.

Uno de los principales mecanismos utilizados por el ECOSOC es el Foro Político de Alto Nivel sobre Desarrollo Sostenible (HLPF, por sus siglas en inglés), que se reúne anualmente bajo los auspicios del ECOSOC. El HLPF es el principal órgano de la ONU para el seguimiento y la revisión de los ODS y proporciona una plataforma para compartir experiencias y lecciones aprendidas en la implementación de los ODS.

Además, el ECOSOC supervisa a una serie de comisiones funcionales y regionales que trabajan en áreas específicas de desarrollo sostenible, como el desarrollo social, el desarrollo económico, los derechos de las mujeres y el medio ambiente. Estas comisiones proporcionan un foro para el debate de políticas, la revisión de progresos y la formulación de recomendaciones.

Finalmente, el ECOSOC tiene la capacidad de hacer recomendaciones para la coordinación de las actividades de los diversos organismos de la ONU que trabajan en áreas relacionadas con los ODS. Esto asegura que el sistema de las Naciones Unidas esté trabajando de manera coherente y coordinada hacia los ODS.

En resumen, a través de sus roles de coordinación, supervisión, revisión y recomendación, el ECOSOC desempeña un papel esencial en la promoción y la implementación de los ODS.

11.16: Respuesta: La Corte Internacional de Justicia (CIJ) es el principal órgano judicial de las Naciones Unidas y tiene como función principal resolver disputas legales entre Estados miembros presentadas ante ella. La CIJ también puede emitir opiniones consultivas sobre cuestiones legales a solicitud de la Asamblea General, el Consejo de Seguridad u otros órganos de la ONU autorizados a solicitar opiniones consultivas. La CIJ está compuesta por 15 jueces, elegidos por la Asamblea General y el Consejo de Seguridad, que representan los principales sistemas jurídicos del mundo. Las decisiones de la CIJ tienen un carácter vinculante para las partes en un caso y, aunque no existe un mecanismo formal de aplicación, las decisiones de la CIJ son generalmente respetadas y cumplidas por los Estados. Eventualmente un fallo de la CIJ podría requerir la intervención del Consejo de Seguridad en caso de incumplimiento.

11.17: Respuesta sugerida: La ONU puede tomar varias medidas para abordar la situación en Crimea, incluidas medidas políticas, económicas y legales. En términos políticos, la Asamblea General y el Consejo de Seguridad pueden continuar condenando la anexión de Crimea y llamando a Rusia a respetar la integridad territorial de Ucrania. También pueden facilitar el diálogo entre las partes y apoyar esfuerzos diplomáticos para resolver el conflicto.

Desde el punto de vista económico, la ONU puede imponer sanciones económicas a Rusia, aunque esto generalmente requiere la aprobación del Consejo de Seguridad, donde Rusia tiene poder de veto como miembro permanente. Las sanciones podrían incluir restricciones comerciales, congelación de activos y restricciones de viaje para funcionarios rusos.

En términos legales, la ONU puede buscar el enjuiciamiento de aquellos responsables de violaciones del derecho internacional, aunque esto puede ser difícil de lograr debido a la falta de jurisdicción de la Corte Internacional de Justicia (CIJ) y la Corte Penal Internacional (CPI) en casos que involucren a Rusia. **Sin embargo**, al haber Ucrania aceptado la competencia de la CPI, esta organización esta facultada a investigar y juzgar los crímenes cometidos en territorio ucraniano, aun si los culpables revisten la nacionalidad rusa.

El principal desafío para la ONU en la implementación de estas medidas es el poder de veto de Rusia en el Consejo de Seguridad, que puede bloquear cualquier acción significativa. Además, la ONU enfrenta limitaciones en términos de recursos y capacidad para hacer cumplir sus resoluciones y decisiones en ausencia de la cooperación de los Estados miembros. En última instancia, la efectividad de las medidas de la ONU dependerá de la voluntad política de los Estados miembros y la cooperación internacional en la búsqueda de una solución al conflicto en Crimea.

11.18: Respuesta sugerida: Las organizaciones regionales, como la Unión Europea (UE) y la Organización del Tratado del Atlántico Norte (OTAN), desempeñan un papel importante en la promoción y el mantenimiento de la paz y la seguridad internacionales. Estas organizaciones pueden abordar conflictos y tensiones en sus respectivas regiones de manera más directa y específica que la ONU, ya que tienen un conocimiento más profundo de las dinámicas regionales y pueden movilizar recursos y apoyo de manera más eficiente.

La UE, por ejemplo, tiene una Política Exterior y de Seguridad Común (PESC) que busca coordinar las acciones de los Estados miembros en materia de política exterior y defensa. La UE también puede llevar a cabo misiones civiles y militares de gestión de crisis en su vecindario, así como en otras regiones del mundo.

La OTAN, por otro lado, es una alianza militar que busca garantizar la seguridad colectiva de sus miembros mediante la disuasión y la defensa. La OTAN también lleva a cabo operaciones y misiones de paz y seguridad en diferentes partes del mundo, en coordinación con la ONU y otras organizaciones internacionales.

La interacción entre la ONU y las organizaciones regionales se basa en el principio de subsidiariedad y la cooperación en el marco del Capítulo VIII de la

Carta de las Naciones Unidas. La ONU puede autorizar a las organizaciones regionales a llevar a cabo acciones militares o de mantenimiento de la paz en su nombre, como ocurrió en la operación de la OTAN en la antigua Yugoslavia y la intervención de la Unión Africana en Somalia. Además, la ONU puede proporcionar apoyo político, financiero y logístico a las organizaciones regionales en sus esfuerzos por mantener la paz y la seguridad internacionales.

En resumen, las organizaciones regionales complementan y refuerzan el papel de la ONU en la promoción y el mantenimiento de la paz y la seguridad internacionales, y su cooperación es fundamental para abordar de manera efectiva los desafíos globales y regionales.

11.19: Falso. La Asamblea General de la ONU no tiene la autoridad para emitir resoluciones vinculantes en todos los Estados miembros. Sus resoluciones poseen carácter recomendatorio y no son jurídicamente vinculantes, aunque pueden tener un impacto significativo en la opinión pública y en la política internacional.

11.20: b. El Consejo de Seguridad. No obstante esta competencia no es exclusiva. Si el Consejo de Seguridad no actuara sobre una determinada cuestión, la Asamblea General podría tratar el tema, aunque sus resoluciones no tendrán carácter vinculante alguno.

11.21: Respuesta sugerida: El Consejo de Seguridad de las Naciones Unidas es uno de los seis órganos principales de la ONU y tiene la responsabilidad primordial de mantener la paz y la seguridad internacionales. Está compuesto por 15 miembros, de los cuales 5 son miembros permanentes (China, Francia, Rusia, Reino Unido y Estados Unidos) y 10 son miembros no permanentes, elegidos por la Asamblea General por períodos de dos años.

Las principales funciones y responsabilidades del Consejo de Seguridad incluyen:

1. Investigar y abordar situaciones que puedan amenazar la paz y la seguridad internacionales, como conflictos armados, actos de agresión y violaciones graves del derecho internacional.
2. Adoptar resoluciones vinculantes para los Estados miembros de la ONU en virtud del Capítulo VII de la Carta de las Naciones Unidas, que pueden incluir

medidas pacíficas (como negociaciones, mediación o embargos económicos) o, en última instancia, el uso de la fuerza.

3. Autorizar el establecimiento y el despliegue de misiones de mantenimiento de la paz de la ONU para ayudar a prevenir y resolver conflictos, proteger a civiles y apoyar la construcción de la paz y la estabilización en países afectados por conflictos.

4. Imponer sanciones a individuos, entidades o Estados que violen las resoluciones del Consejo de Seguridad o cometan graves violaciones del derecho internacional.

5. Referir situaciones de crímenes de guerra, genocidio y crímenes de lesa humanidad a la Corte Penal Internacional (CPI) para su investigación y enjuiciamiento.

6. Recomendar al Secretario General de la ONU y mediar en disputas entre Estados miembros.

El Consejo de Seguridad toma decisiones mediante el voto afirmativo de al menos 9 de sus 15 miembros. Sin embargo, para que una resolución sea adoptada, ninguno de los 5 miembros permanentes debe votar en contra, ya que tienen derecho a veto. Esto significa que si uno de los miembros permanentes vota en contra de una resolución, esta no se adoptará, independientemente del número de votos a favor.

11.22: Una organización internacional intergubernamental es una organización cuyos miembros son Estados, mientras que una organización internacional no gubernamental es una organización cuyos miembros son individuos o entidades no estatales.

11.23: Respuesta sugerida:

a) El reconocimiento de la personalidad jurídica internacional de las Naciones Unidas implicó que las Naciones Unidas tienen la capacidad de tener derechos y obligaciones en el ámbito del derecho internacional, y también tienen la capacidad para llevar a cabo ciertas acciones a nivel internacional, como la celebración de tratados. Este reconocimiento también proporcionó un precedente para el reconocimiento de la personalidad jurídica de otras organizaciones internacionales.

b) Según este caso, una organización internacional tiene personalidad jurídica internacional si tiene competencias y funciones claramente definidas que se le atribuyen en virtud de su constitución, y si los Estados miembros le han otorgado la capacidad para realizar esas funciones y ejercer esas competencias a nivel internacional.

Capítulo 12: Responsabilidad Internacional del Estado por Hechos Ilícitos

12.1: d) Todas las anteriores.

12.2: Respuesta sugerida: Las "circunstancias que excluyen la ilicitud" son aquellas situaciones en las cuales un acto que normalmente sería ilícito, es considerado lícito debido a las circunstancias particulares en las que se realizó. Estas circunstancias pueden incluir el consentimiento, la legítima defensa, la fuerza mayor, entre otros.

12.3: Falso. Si bien los actos de individuos particulares o entidades no gubernamentales normalmente no se atribuyen al Estado, hay circunstancias en las cuales estos actos pueden ser atribuidos al Estado, en particular cuando el Estado ejerce su autoridad sobre estos actores o cuando los asume como propios.

12.4: Respuesta sugerida: La "atribución" es un concepto central en la responsabilidad internacional del Estado. Se refiere a la conexión necesaria entre un acto ilícito y un Estado para que ese Estado pueda ser considerado responsable de dicho acto. Sin atribución, no puede haber responsabilidad del Estado. Esto es importante porque establece los límites de la responsabilidad del Estado, y asegura que los Estados solo pueden ser considerados responsables de actos que están bajo su control o influencia. Al mismo tiempo, el concepto de atribución también puede servir para extender la responsabilidad del Estado a actos cometidos por entidades no estatales, en casos en que el Estado ejerce control o autoridad sobre estas entidades, o cuando asume tales actos como propios.

12.5: e) Todas las anteriores.

12.6: Falso. De acuerdo con los Principios de la Responsabilidad del Estado, el hecho de que un Estado haya actuado de acuerdo con una norma de derecho interno no lo exime de responsabilidad por violaciones del derecho internacional.

12.7: 1-b, 2-a, 3-c.

12.8: Respuesta sugerida: Un acto ilícito instantáneo es aquel que ocurre en un momento específico y constituye una violación en el momento de su ocurrencia. Un acto ilícito continuo es aquel cuya violación se extiende en el tiempo desde el momento de su inicio hasta su terminación. Un acto ilícito compuesto es una serie de acciones o omisiones que definen un curso de conducta en conjunto y que en conjunto constituyen una violación de una obligación internacional.

12.9: Respuesta sugerida: Según el Art. 3 de los Principios de la Responsabilidad del Estado, el hecho de que el acto no esté prohibido por el derecho interno del Estado no afecta su carácter de internacionalmente ilícito. El Estado sería responsable a nivel internacional si el acto viola una obligación internacional, independientemente de su legalidad según su derecho interno.

12.10:
1-B. Legítima defensa (Art. 21)
2-C. Fuerza mayor (Art. 23)
3-A. Estado de necesidad (Art. 25)

12.11: Respuesta sugerida: La CIJ en el caso Gabčíkovo-Nagymaros interpretó el concepto de "estado de necesidad" como una circunstancia que puede excluir la ilicitud de un acto que, de otro modo, constituiría una violación de una obligación internacional. Sin embargo, la CIJ enfatizó que el estado de necesidad no puede invocarse a menos que se cumplan ciertos criterios estrictos, en particular, que el acto sea el único medio para salvaguardar un interés esencial del Estado contra un peligro grave e inminente. Además, la CIJ confirmó que el estado de necesidad no puede invocarse para justificar una violación de una obligación que protege un interés fundamental de la comunidad internacional.

12.12: d) Represalias

12.13: Respuesta sugerida: La "fuerza mayor" y el "estado de necesidad" son dos conceptos distintos que pueden excluir la ilicitud de un acto que de otro modo violaría una obligación internacional. La "fuerza mayor" se refiere a un evento imprevisible e irresistible que hace que el cumplimiento de una obligación internacional sea física o jurídicamente imposible. Por otro lado, el "estado de necesidad" se refiere a una situación en la que un Estado lleva a cabo un acto que normalmente sería ilícito para proteger un interés esencial contra un peligro grave e inminente. A diferencia de la fuerza mayor, el estado de necesidad no implica necesariamente la imposibilidad de cumplir con una obligación internacional.

12.14: c) La contramedida debe ser aprobada por un organismo internacional. Según los Principios de Responsabilidad del Estado, la legalidad de las contramedidas no está condicionada a la aprobación por parte de un organismo internacional.

12.15: Falso. Según los Principios de Responsabilidad del Estado, solo el Estado directamente afectado por la infracción puede tomar contramedidas.
Respuesta sugerida:

12.16: Falso. Según los Principios de Responsabilidad del Estado, las normas de *ius cogens*, o normas imperativas de derecho internacional general, no pueden ser violadas bajo ninguna circunstancia, incluyendo las circunstancias que excluyen la ilicitud.

12.17: Falso. Las contramedidas deben ser proporcionales y no pueden incluir el uso de la fuerza. Además, no pueden violar las obligaciones fundamentales de los derechos humanos, aquellas derivadas del derecho diplomático y consular y las obligaciones humanitarias fundamentales, ni las obligaciones que se encuentran bajo una norma de *ius cogens*.

12.18: c) La contramedida debe resultar en un beneficio material para el estado que la aplica. El propósito de las contramedidas no es proporcionar un beneficio material al estado que las aplica, sino inducir al estado que ha cometido el hecho ilícito a cumplir con sus obligaciones bajo el derecho internacional.

12.19: Verdadero. Según los Principios de Responsabilidad del Estado por Hechos Internacionalmente Ilícitos, solo los estados pueden tomar contramedidas en respuesta a un hecho ilícito. Sin embargo, este es un área de debate y evolución potencial en el derecho internacional, especialmente en lo que respecta a las organizaciones internacionales y las entidades no estatales.

12.20: d) Caso de la Actividades Militares y Paramilitares en y contra de Nicaragua. En este caso, la Corte estableció que los actos de los Contras en Nicaragua podrían ser atribuidos a los Estados Unidos solo si se demostraba que Estados Unidos tenía un "control efectivo" sobre las operaciones de los Contras.

12.21: Falso. Si bien la "prueba de control efectivo" es un estándar utilizado para atribuir la responsabilidad de los actos de actores no estatales a los Estados, no es el único método. Otros factores, como la aceptación o aprobación posterior del estado de los actos de individuos privados, también pueden conducir a la atribución de responsabilidad.

12.22: Respuesta sugerida: La atribución es el proceso mediante el cual se determina si un acto puede considerarse un acto de un estado para los propósitos de la responsabilidad internacional. Según los Principios de Responsabilidad del Estado por Hechos Internacionalmente Ilícitos, los actos de los órganos del estado, ya sea que actúen en esa capacidad o excedan su autoridad (actos *ultra vires*), son actos del estado. Además, también sirve para establecer conexiones de responsabilidad al estado por actos que otros sujetos hacen. Por ejemplo cuando estos están bajo la dirección o control del estado o si tales actos son reconocidos por el estado como propios.

Determinar si un acto puede atribuirse a un estado puede ser difícil, especialmente cuando los actos son llevados a cabo por actores no estatales. Aquí se aplican varios tests de atribución, como el "control efectivo", el "control general" y la aceptación o aprobación posterior del estado. Cada uno tiene sus propias dificultades y controversias, incluyendo problemas para determinar cuánto control es suficiente para la atribución y cómo demostrar ese control. Además, estas reglas pueden ser insuficientes para abordar situaciones nuevas y emergentes, como la responsabilidad estatal por los actos de grupos armados no estatales en conflictos asimétricos o por los actos de empresas transnacionales.

12.23:

1-a. Prueba del "control efectivo"
2-d. Prueba del "control general"
3-c. Aprobación o aceptación posterior del Estado

4-b. Control por coacción

12.24: b) Control efectivo. Según la jurisprudencia internacional, en particular en el caso de las Actividades Militares y Paramilitares en y contra de Nicaragua, se estableció que los actos de los actores no estatales pueden ser atribuidos a un estado si este último tiene un "control efectivo" sobre dichos actos.

12.25: Falso. Proporcionar asistencia financiera a un grupo no estatal no necesariamente implica que un estado tiene "control efectivo" sobre dicho grupo. La atribución de la responsabilidad estatal por las acciones de un grupo no estatal depende de si el estado tiene un "control efectivo" sobre las acciones específicas realizadas por el grupo. Este "control efectivo" implica la capacidad de dirigir y controlar las acciones específicas llevadas a cabo por el grupo, no solo el financiamiento o el apoyo general.

12.26: Respuesta sugerida: En el caso Nicaragua v. Estados Unidos, la Corte Internacional de Justicia interpretó el concepto de "control efectivo" de manera que un estado solo sería responsable de las acciones de un grupo no estatal si ejerce un control efectivo sobre las operaciones específicas en las que se alega que se cometieron las violaciones del derecho internacional. En este caso, la corte determinó que los Estados Unidos no tenían un control efectivo suficiente sobre los Contras para que se les pudiera atribuir las acciones de este grupo.

12.27: d) Asistir y apoyar un grupo no estatal con armamento y financiación. Aunque el financiamiento o el apoyo de armamento puede ser una indicación de cierta relación entre un estado y un actor no estatal, por sí solo no es suficiente para atribuir responsabilidad estatal por las acciones de actores no estatales. Se requiere un grado de "control efectivo" sobre las acciones específicas del actor no estatal para atribuir responsabilidad estatal. La responsabilidad de asistir o apoyar podrá eventualmente ocasionar responsabilidad del estado por estos hechos pero no por los propios del grupo no estatal.

12.28: Respuesta sugerida: Una obligación *erga omnes* es una obligación jurídica que un Estado tiene hacia la comunidad internacional en su conjunto por el valor jurídico que representa la protección de un bien jurídico internacional. En el caso de una violación a esta obligación, todos los Estados pueden considerarse perjudicados y, por lo tanto, tienen el derecho de invocar la responsabilidad del Estado infractor.

12.29: Respuesta sugerida: Un Estado que tiene derecho a invocar la responsabilidad de otro Estado puede reclamar: la cesación del hecho internacionalmente ilícito y las seguridades y garantías de no repetición; y el cumplimiento de la obligación de reparación, en interés del Estado lesionado o de los beneficiarios de la obligación violada.

12.30: Respuesta sugerida: El término "Estado lesionado" se refiere a un Estado que ha sufrido un daño directo a causa de la violación de una obligación internacional por parte de otro Estado. En contraposición, el artículo 48 también contempla la situación de los Estados que pueden invocar la responsabilidad de otro Estado aunque no hayan sufrido un daño directo, siempre y cuando la obligación violada sea de carácter *erga omnes* o en interés de un grupo de Estados.

12.31: a; c; e.

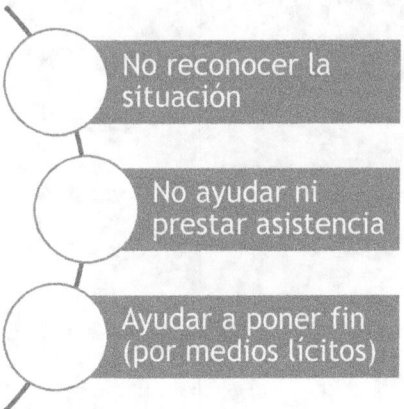

Consecuencias Jurídicas Concretas

No reconocer la situación

No ayudar ni prestar asistencia

Ayudar a poner fin (por medios lícitos)